Wietschorke | 1920er Jahre. 100 Seiten

* Reclam 100 Seiten *

JENS WIETSCHORKE, geb. 1978, lehrt am Institut für Empirische Kulturwissenschaft und Europäische Ethnologie der Universität München. Bei Reclam erschien zuletzt *Wien – Berlin. Wo die Moderne erfunden wurde.*

Jens Wietschorke

1920er Jahre. 100 Seiten

RECLAM

2., durchgesehene Auflage

Siemensstraße 32, 71254 Ditzingen
Umschlaggestaltung nach einem Konzept von zero-media.net
Infografik (S. 28 f.): annodare GmbH, Agentur für Marketing
Bildnachweis: S. 2: Frédéric Batier, X Filme, 2018; S. 37: akg-images; S. 47: Opel Automobile GmbH; S. 53: Sammlung D. Schöttker; S. 75: akg-images / Erich Lessing und VG Bild-Kunst, Bonn 2020; S. 85: bpk / Wilhelm Steffen.
Druck und Bindung: EsserDruck Solutions GmbH,
Untere Sonnenstraße 5, 84030 Ergolding
Printed in Germany 2023
RECLAM ist eine eingetragene Marke
der Philipp Reclam jun. GmbH & Co. KG, Stuttgart
ISBN 978-3-15-020571-6

Auch als E-Book erhältlich

www.reclam.de

Für mehr Informationen zur 100-Seiten-Reihe:
www.reclam.de/100Seiten

Inhalt

Krise und Experiment

Im Mai 2019 wurde die dritte Staffel von *Babylon Berlin* abgedreht – einer Krimiserie, die auf den erfolgreichen historischen Romanen Volker Kutschers basiert und im Berlin der ausgehenden 1920er Jahre spielt. Sie zeigt eine Metropole der Spannungen und der krassen Gegensätze: »Rauschhafter Exzess und extreme Armut, Emanzipation und Extremismus« kommen in *Babylon Berlin* zusammen, verspricht der Sender *Sky* in seiner Kurzbeschreibung. »Die deutsche Hauptstadt ist eine Weltmetropole der Verlockungen und Abgründe.« Der riesige Erfolg der mehrfach preisgekrönten Serie der Regisseure Tom Tykwer, Achim von Borries und Hendrik Handloegten hat nicht nur mit dem überaus spannenden Plot zu tun, sondern auch mit der anhaltenden Faszination, die die 1920er Jahre bis heute ausstrahlen. Die kurze Periode zwischen zwei großen historischen Katastrophen, dem Ersten Weltkrieg 1914–1918 und der NS-Diktatur 1933–1945, war eine schwierige Zeit, in der viele alte Sicherheiten wegbrachen. Eben darum bot sie sich aber auch als Versuchslabor für Neues an. Wenn sich der Kommissar Gereon Rath und die Stenotypistin Charlotte Ritter in der Serie durch die Unterwelten der deutschen Hauptstadt kämpfen, dann sind die populären Bilder der Goldenen

Eine Szene aus der ersten Staffel von *Babylon Berlin*

und der verruchten 1920er Jahre immer mit dabei. Aus ihrem Stoff sind die großen Erzählungen von einem Leben zwischen Aufbruchs- und Untergangsstimmung, zwischen Hoffnung und Scheitern, gemacht.

Die 1920er sind eigentlich immer gefragt. Und dabei sind historische Themen in meinem Fach, der Empirischen Kulturwissenschaft an der Universität München, bei den Studierenden nicht gerade die beliebtesten. Vielen ist das 19. Jahrhundert zu weit weg, der Nationalsozialismus zu düster, die Nachkriegszeit zu farblos. Doch wenn ich ein Seminar zu einem Thema der 1920er Jahre anbiete, fallen die Reaktionen eigentlich immer anders aus: Die *Roaring Twenties* wecken Interesse. Mit dieser Zeit verbinden fast alle etwas: Jazz und Swing, Cole Porter und Josephine Baker, Jean Cocteau und Gertrude Stein, Magnus Hirschfeld und Marlene Dietrich, Prohibition und Cosa

Nostra, Sacco und Vanzetti, das neue Nachtleben in den Metropolen, der Rundfunk und der Tonfilm. Dada, Expressionismus und *Berlin Alexanderplatz*, Lenin, Hindenburg und Mussolini, die politische Mobilisierung von rechts und von links, die ganze Unruhe, Nervosität und Explosivität der damaligen Gesellschaft. Im Jahrzehnt zwischen Revolution und Wirtschaftskrise scheinen sich die sozialen Probleme und die kulturellen Möglichkeiten der Moderne zu verdichten. Innerhalb weniger Jahre wurden diverse Optionen sozialer und politischer Ordnung durchgespielt, die an die Stelle der im Ersten Weltkrieg untergegangenen Monarchien treten sollten: vom autoritären Führerstaat bis zur Anarchie, von völkischen Gemeinschaftsideologien bis zum Kommunismus. Und so intensiv wie selten prägten diese Fragen auch die Entwicklungen der Architektur und der Kunst, der Literatur und der Populärkultur.

Wenn sich die politische Geschichte so unmittelbar in der kulturellen Produktion abbildet, wird sie greifbar. Kürzlich, in einem meiner Seminare zur populären Musik der Zwischenkriegszeit, gingen die Studierenden begeistert daran, Querverbindungen zwischen den Musikstilen und Modetänzen sowie den politischen und alltagskulturellen Entwicklungen der Zeit herzustellen. Wir fragten nach den gesellschaftlichen Kontexten der populären Nonsens-Schlager der frühen Weimarer Republik oder überlegten anhand des Wandels der Singstimme und des neuen Phänomens des *crooning*, wie sich Geschlechterbilder innerhalb weniger Jahre merklich veränderten. Es wurde deutlich: Die 1920er sind uns erstaunlich nahe. Modern war die Welt schon vorher, aber die Moderne der 1920er Jahre spricht uns stärker an. Sie steht für die Befreiung von Konventionen, für das ironische Spiel mit den gesellschaftlichen Möglichkeiten.

Und sie steht für einen attraktiven Stil. Nicht ohne Grund feiert Max Raabe mit seinen eleganten Chanson-Remakes enorme Erfolge, wird in den Ballsälen Berlins oder Wiens Swing getanzt, werden in Anlehnung an den 1925 erschienenen Roman *The Great Gatsby* von F. Scott Fitzgerald heute Gatsby-Partys veranstaltet. In Woody Allens Film *Midnight in Paris* (2011) unternimmt die Hauptfigur Gil Pender alias Owen Wilson mit Begeisterung Zeitreisen in die Pariser *Années folles*. Auch die Warenwelt der 1920er zieht uns magisch an: Im Januar 2019 wurde angekündigt, dass das Karstadt-Kaufhaus am Berliner Hermannplatz wieder im Stil der 1920er Jahre umgebaut werden soll, mitsamt der berühmten Art-Déco-Fassade, die eine Attraktion der Weimarer Republik war. Und in dichter Folge erscheinen derzeit Bildbände und Großstadtcomics über die 1920er: etwa die Trilogie *Berlin* von Jason Lutes, der Bildkrimi *Berlin 1931* vom spanischen Duo Felipe H. Cava und Raùl oder das Album *Es wird Nacht im Berlin der Wilden Zwanziger* von Robert Nippoldt und Boris Pofalla.

Für alle Vintage-Fans sind die 1920er also eine wahre Fundgrube. Glanz und Glamour, eine auf Hochtouren Neues produzierende Populärkultur, ein neues Frauenbild. Gleichzeitig ist uns die Dekade aber auch in vielen Aspekten fremd, etwa mit ihrer existenziellen politischen Sprache, ihrem Pathos, der Albernheit ihrer Cabarets und der Gewalt ihrer sozialen Auseinandersetzungen. Wie soll man auf hundert Seiten eine Geschichte dieser spannenden, komplexen 1920er Jahre erzählen? Ich habe mich dafür entschieden, die 1920er als eine Zeit der Krise und des Experiments vorzustellen, als ein Versuchsfeld der klassischen Moderne. Nach der fundamentalen Krisenerfahrung des verlorenen Ersten Weltkriegs schien zunächst alles zur Disposition zu stehen. Nichts hatte mehr

Bestand; eine neue Generation baute sich ein neues, wenn auch prekäres Leben auf. Die Geschwindigkeit und die Intensität dieses Lebens waren teilweise berauschend: Im rauen gesellschaftlichen Klima der Nachkriegszeit wurden viele Bereiche des Lebens in einen Sog der kulturellen Pluralisierung und der Politisierung hineingezogen.

Trotzdem sind die 1920er viel mehr als nur eine Zeit der Krise und des Experiments. Denn gleichzeitig blieben erstaunlich viele Dinge beim Alten. Das Alltagsleben der meisten Menschen hatte mit der schillernden Kulturszene nicht sonderlich viel zu tun – besonders auf dem Land oder in der Kleinstadt, wo man teilweise noch so lebte wie im 19. Jahrhundert. Und auch bei der Erneuerung der Gesellschaft griff man auf verschiedenste Rezepte zurück, die bereits im Kaiserreich entwickelt worden waren: im Bereich der Lebensreform, der Jugendbewegung, der künstlerischen Avantgarde. In vielerlei Hinsicht blieben die 1920er Jahre ein Kind der vorangegangenen Epoche.

Wer sich mit den 1920er Jahren in Deutschland beschäftigt, ist also immer mit einem Paradox konfrontiert: auf der einen Seite der kulturelle Glanz der Goldenen Zwanziger und eine der innovativsten Perioden der deutschen Geschichte. Auf der anderen Seite aber eine Gesellschaft zwischen Kriegen und Katastrophen, gezeichnet von Armut, Unsicherheit und Gewalt. Die soziale Ungleichheit war groß: 1919 setzte das Berliner Hotel Adlon neben der Gänseleber für 32 Mark auch eine Hafergrützensuppe für 1,50 Mark auf die Karte. Und die allermeisten Deutschen waren weit davon entfernt, sich diese Hafergrützensuppe ohne weiteres leisten zu können. Wie also passen diese beiden Entwicklungen, die schlagartige Erweiterung der kulturellen Möglichkeiten und das Elend einer ausgebluteten Gesellschaft, zusammen? Für unser historisches Bild von der

Sieben politische Schlaglichter

- Ausgehend vom Kieler Matrosenaufstand kommt es im November 1918 zur **Revolution im deutschen Kaiserreich**. Nach der Niederschlagung linksrevolutionärer Gruppen etabliert sich die Mehrheitssozialdemokratie (MSPD) unter Friedrich Ebert und übernimmt die Regierungsgeschäfte. Die Monarchie ist abgeschafft.
- Der vom Völkerbund am 1. Mai 1919 ratifizierte **Friedensvertrag von Versailles** sieht die Rückgabe von Elsass und Lothringen an Frankreich sowie verschiedene Volksabstimmungen über Territorialfragen (Oberschlesien, Saarland etc.) vor. Deutschland wird vollständig entmilitarisiert und muss für die Schäden des Ersten Weltkriegs aufkommen.
- Im beschaulichen Weimar tritt ab Februar 1919 die zuvor gewählte verfassungsgebende Nationalversammlung zusammen. Im August wird schließlich die **Weimarer Verfassung** verabschiedet; das Deutsche Reich ist nun eine föderative Republik mit einem präsidialen und parlamentarischen politischen System.
- Die Zeit von 1919 bis 1923 ist von wirtschaftlicher Not und rasanter **Geldentwertung** geprägt (Hyperinflation).

Weimarer Republik ist das eine Schlüsselfrage. Man kann sie nur beantworten, wenn man Krise und Experiment zusammendenkt und auch strukturelle Gründe berücksichtigt: die Demographie, den kriegsbedingten Wandel im Geschlechterverhältnis, den Jugendüberschuss der Nachkriegszeit.

Und man kann sie nur beantworten, wenn man den Blick

Erst die Einführung der Rentenmark 1923 und kurz darauf der Reichsmark 1924 kann den ökonomischen Absturz stoppen.

- Von rechts ist die Weimarer Republik ständigen Angriffen und **Putschversuchen** ausgesetzt: Der Kapp-Putsch 1920 und der Hitler-Putsch 1923 scheitern zwar, aber der anhaltende Widerstand von Alfred Hugenbergs Deutschnationaler Volkspartei (DNVP), dem paramilitärischen »Stahlhelm« und der Nationalsozialistischen Deutschen Arbeiterpartei (NSDAP) des arbeitslosen Kunstmalers und Kriegsgefreiten Adolf Hitler belastet die Republik.
- Nach dem Tod Friedrich Eberts wird im April 1925 der 77-jährige Generalfeldmarschall **Paul von Hindenburg** zum Reichspräsidenten gewählt. Hindenburg agiert zwar politisch kraftlos, aber er ist eine wichtige Symbolfigur der rechtskonservativen Szene. 1933 wird Hindenburg Adolf Hitler zum Reichskanzler ernennen.
- Am 24. Oktober 1929 brechen die Börsenkurse dramatisch ein und lösen die **Weltwirtschaftskrise** aus. Eine ihrer verhängnisvollsten Folgen war eine massenhafte Arbeitslosigkeit, die zur politischen Erosion der Weimarer Republik beitrug.

auf soziale Differenzen richtet. Denn für bayerische Adelsfamilien bedeuteten die gesellschaftlichen Transformationen der 1920er etwas anderes als für alleinstehende Angestellte in Leipzig, für Kleinbauern im Saarland etwas anderes als für Künstlerinnen in Berlin. Sicher, das liegt auf der Hand und gilt für alle Epochen. Es lohnt sich aber, genau hinzusehen: Wer profitierte vom rasanten Kulturgetriebe der Zeit, wer nicht? Wer hatte die Hauptlast der Inflation zu tragen, wer kam mit ihr besser zurecht? Wer nutzte die Chancen, die die neue Republik bot – und wer blieb zurück? Und schließlich auch: Wer war von den politischen und sozialen Entwicklungen der Weimarer Republik so frustriert, dass er dann im Januar 1933 sein Kreuz bei einer Partei machte, die seit zehn Jahren gegen die Republik mobil gemacht hatte: der NSDAP?

Heute stehen wir am Beginn der 2020er Jahre. Die gesellschaftliche Situation nach dem Ende des Ersten Weltkriegs können wir uns nur über historische Texte, Bilder, Filme und Tondokumente erschließen; von den ZeitzeugInnen lebt niemand mehr. Was uns allerdings eine gewisse Nähe zu der Epoche vor hundert Jahren vermittelt, ist das Gefühl, selbst in einer Krisenzeit zu leben. Wir haben zwar – glücklicherweise – keinen Weltkrieg hinter uns, aber die Banken- und Finanzkrise von 2007/08 ist nicht ohne Grund mit der Weltwirtschaftskrise von 1929 verglichen worden. Die Diagnose verstärkter sozialer Spannungen und Verwerfungen verbindet unsere Gegenwart mit den 1920er Jahren. Und auch die Etablierung rechtspopulistischer Parteien auf dem politischen Parkett weckt Erinnerungen an die Zwischenkriegszeit, die ebenfalls eine Zeit nationalistischer Bewegungen und politischer Extremismen war. Unsere heutige Faszination für die 1920er Jahre speist sich wohl aus beiden Motiven: Einerseits aus dem Interesse an Krisenzeiten und den Möglichkeiten ihrer Bewältigung. Und andererseits aus der Lust am Experiment, der Suche nach Neuem, den literarischen, musikalischen und künstlerischen Entwicklungen der Zeit und den Lebensstilen der damaligen Intellektuellen- und Angestelltenmilieus, irgendwo zwischen »Davon geht die Welt nicht unter« und »Heute Nacht oder nie«.

Instabilität und Gewalt

Der Weltkrieg von 1914 bis 1918 war der erste und einzige verlorene Krieg, den das deutsche Kaiserreich in den fast 50 Jahren seines Bestehens erlebt hatte. Speziell in Preußen konnten sich nicht einmal die Ältesten mehr an eine militärische Niederlage erinnern. Dementsprechend erhofften sich viele PatriotInnen bei Kriegsbeginn im Herbst 1914 ein grandioses Abenteuer. Doch spätestens in den furchtbaren Stellungskriegen an der Somme und vor Verdun wurden nicht nur die deutschen Truppen, sondern auch die nationalen Gewissheiten aufgerieben. Die Zinnsoldaten, mit denen die Kinder aus bürgerlichem Hause seit den glorreichen Gefechten von 1870/71 gespielt hatten, landeten entweder in der Metallabgabe für den Krieg oder auf dem Dachboden. Die deutschen Intellektuellen, die 1914 ihre Stunde kommen gesehen und vom »Augusterlebnis« geschwärmt hatten, waren bitter enttäuscht. Was zunächst als »Kulturkrieg« gefeiert worden war, hatte die Ermordung Hunderttausender Zivilisten, die Zerstörung der weltberühmten Leuvener Bibliothek und den Einsatz von Giftgas durch deutsche Truppen mit sich gebracht.

All das hatte eine zuvor unvorstellbare Brutalisierung in Gang gesetzt, die auch die unmittelbare Nachkriegszeit prägte.

Viele Familien hatten ihre Väter verloren oder mussten sie als verstörte Kriegsheimkehrer betreuen. Was sollte nun kommen? Welche politische Ordnung ersetzte die Monarchie? Diese Frage betraf nicht nur das Deutsche Reich, sondern ebenso das habsburgische Kaiserreich Österreich-Ungarn, das Osmanische Reich und das russische Zarenreich, das bereits in der Februarrevolution 1917 untergegangen war. Überall war es zu entgrenzter Gewalt gekommen, am drastischsten in Russland und beim Genozid an den ArmenierInnen des Osmanischen Reiches. Überall waren die etablierten Ordnungen des 19. Jahrhunderts zerfallen und warteten darauf, durch neue ersetzt zu werden.

Überblickt man die europäische Staatenwelt um das Jahr 1919, dann hatte sich in wenigen Jahren enorm viel verändert. Während Europa bei Kriegsbeginn 1914 noch aus 17 Monarchien und 3 Republiken – nämlich Frankreich, Portugal und der Schweiz – bestanden hatte, fand man nun 13 Republiken und 13 Monarchien auf der Landkarte. Doch das, was sich einerseits als Siegeszug der demokratischen Staatsform beschreiben lässt, stellt sich andererseits als prekäre Balance von demokratischen und autoritären Regierungssystemen dar. Sämtliche Siegermächte rückten – mit Ausnahme Russlands – politisch nach rechts: In Frankreich, Großbritannien und den USA etablierten sich strikt konservative Regierungen; in Italien mündete die kurze sozialistische Periode des *biennio rosso* (dt.: ›die zwei roten Jahre‹) 1919/20 wenige Jahre später in die Machtübernahme durch Benito Mussolinis faschistische Bewegung. 1923 etablierte sich in Spanien die Militärdiktatur von Miguel Primo di Rivera; auch Ungarn unter Miklós Horthy und István Bethlen bewegte sich in Richtung eines streng autoritären Systems mit restaurativer Zielsetzung. Das wieder unabhängig gewordene Polen erlebte ab 1926 unter der Führung Józef Piłsudskis ebenfalls ein autoritäres Regime. Auf den Trümmern des Osmanischen Reiches etablierte Kemal Atatürk 1923 die Türkei als westlich orientierten, säkularen Nationalstaat, der aber – bei aller gesellschaftlichen Modernisierung – eher zur Diktatur als zur Demokratie neigte.

Als neue Weltmacht gingen die USA aus dem Ersten Weltkrieg hervor. Der Historiker Bernd Stöver hat das Jahr 1919 als den »Beginn des amerikanischen Jahrhunderts« bezeichnet. Mit ihrem Kriegseintritt kurz zuvor hatten sich die Vereinigten Staaten erstmals in die politischen Verhältnisse Europas eingemischt. Die *Vierzehn Punkte*, die Präsident Woodrow Wilson in diesem Zusammenhang formulierte, lieferten dazu das Programm. Demnach traten die USA nun auch außerhalb ihrer Grenzen an, »die Grundsätze von Frieden und Gerechtigkeit [...] gegen eigensüchtige und autokratische Macht zu verteidigen«. Nach dem Krieg setzten sich die Amerikaner für eine milde Behandlung des Kriegsverlierers Deutschland ein, um der Weimarer Republik eine Chance zu geben. Während England und Frankreich zunächst nach den Grundsätzen *Hang the Kaiser* und *Make Germany Pay* vorgingen, plädierten die USA für wirtschaftlichen Aufbau. Der Dawes-Plan von 1924 regelte die Reparationszahlungen so, dass der Weimarer Republik genügend Luft zum Atmen blieb; der relative Boom der »Goldenen Zwanziger« von 1924 bis 1929 wäre anders nicht möglich gewesen.

Mit ihrer Deutschlandpolitik stiegen die Vereinigten Staaten auch zum kulturellen Leitbild und zum Inbegriff der Modernität auf. Rationalisierung, Massenproduktion, Konsumorientierung und die sprichwörtlichen »unbegrenzten Möglichkeiten« faszinierten die Deutschen quer durch die sozialen

Klassen. Zudem brachte Hollywood ein internationales Flair in die deutschen Kinos. AutorInnen der »Neuen Sachlichkeit« griffen bevorzugt Themen im *American style* auf. Das rief freilich auch die Kritiker auf den Plan. Der Schriftsteller Gottfried Benn schrieb als Antwort auf eine Umfrage:

> Es gibt eine Gruppe von Dichtern, die glauben, sie hätten ein Gedicht verfaßt, indem sie ›manhattan‹ schreiben. Es gibt eine Gruppe von Dramatikern, die glauben, sie manifestierten das moderne Drama, wenn sie die Handlung in einem Blockhaus in Arizona spielen lassen und wenn eine Flasche Whisky auf dem Tisch steht.

Dank der kulturellen Vorbildfunktion der USA verbreitete sich indessen auch die spezifisch amerikanische Ideologie von Liberalismus, Leistung und Erfolg. Nach dem Ende der Monarchie wurde der »Selfmademan« auch in Deutschland zu einer Leitfigur, die das ökonomische Denken der 1920er Jahre mitbestimmte.

Doch zurück zur Politik: In Deutschland übernahm nach 1918 zunächst die politische Linke die Macht – gleich zu Beginn in Bayern, wo für kurze Zeit eine Räterepublik existierte. Auf Reichsebene war es die gemäßigte Sozialdemokratie unter Friedrich Ebert, die den Ton angab. Als Übergangskanzler und Reichspräsident führte Ebert zügig das allgemeine Wahlrecht, das Tarifvertragsrecht und den Achtstundentag ein. Andererseits setzte er entschieden auf die etablierten bürgerlichen Ordnungen, ließ die linksradikalen Aufstände der Spartakisten unter Karl Liebknecht und Rosa Luxemburg niederschlagen und verschärfte damit die Spaltungen innerhalb der Linken. In Weimar wurde am 11. August 1919 eine neue, liberale und demokratische Verfassung verabschiedet. Von einer »Weimarer Republik« war allerdings erst gegen Ende der 1920er Jahre die Rede, als besagte Republik in die Krise geriet. Das verschaffte dieser Formulierung einen negativen Beiklang; für die Nationalsozialisten wurde »Weimar« dann erst recht zu einem politischen Feindbild.

Unsicherheit, Unordnung und Krise bestimmten das Lebensgefühl in der Weimarer Republik. Mehr als die Jahrzehnte des Kaiserreichs waren die 1920er Jahre denn auch eine Zeit ausgeprägter politischer Gewalt. Einer ganzen Gesellschaft steckte der Krieg in den Knochen, überall sah man Kriegsversehrte: Nervenkranke, Menschen mit Prothesen oder entstellten Gesichtern. Der Brutalisierungsschub der Kriegszeit setzte sich mit den politischen Auseinandersetzungen der Nachkriegszeit fort. Und so kam die Republik vor allem in ihren ersten Jahren kaum zur Ruhe: Revolution und Straßenkämpfe, Kapp-Putsch, Aufstände in Oberschlesien und im Ruhrgebiet, »Deutscher Oktober« in Sachsen, Thüringen und Hamburg, Hitlerputsch, Ruhrkrise. Dazu kamen reihenweise politische Morde: der bayerische Ministerpräsident Kurt Eisner, der ehemalige Finanzminister Matthias Erzberger, der Publizist Maximilian Harden und Reichsaußenminister Walther Rathenau waren die prominentesten Opfer. Wenn der englische Journalist George Eric Rowe Gedye die frühe Weimarer Republik als *Revolver Republic* bezeichnete, so traf er dieses Gewaltszenario recht genau. Und nach einigen Jahren der relativen Ruhe setzten die Kämpfe infolge der Weltwirtschaftskrise von 1929 wieder ein: der berüchtigte »Blutmai« von 1931 in Berlin-Wedding ist nur eines von vielen Ereignissen.

Ihre ungeheure Spannung bezog die Zeit unter anderem daraus, dass immer die ganz große Frage im Raum stand:

US-amerikanischer Liberalismus oder sowjetischer Kommunismus? Wer beides ablehnte, schloss sich vielleicht einer der deutschnationalen und rechtsextremen Bewegungen an, die sich zunehmend radikalisierten und die Reste des zerschlagenen Militärs um sich scharten. Die einen befürchteten, Berlin könnte wie Chicago werden, während die anderen eher Angst hatten, Berlin könnte wie Moskau werden. Beides stand, wenn auch in sehr unterschiedlicher Weise, für die Herausforderungen der modernen Massengesellschaft. Ob als kapitalistische Konsumgesellschaft oder als kommunistisches Kollektiv: Die »Masse« wurde zu einem der wichtigsten Schlagworte der Zeit. Der Filmkritiker Siegfried Kracauer sprach vom *Ornament der Masse*. Der Schriftsteller Elias Canetti begann Anfang der 1920er Jahre mit den umfangreichen Vorstudien zu seinem Buch *Masse und Macht*. Über seine Erfahrungen während der Demonstrationen am Wiener Justizpalast 1927 schreibt Canetti: »Ich wurde zu einem Teil der Masse, ich ging vollkommen in ihr auf, ich spürte nicht den leisesten Widerstand gegen das, was sie unternahm.« Und auch der Spanier José Ortega y Gasset arbeitete an einer Abhandlung über das Problem der Masse: 1930 erschien *La Rebelión de las Masas (Der Aufstand der Massen)*. Diese Bücher waren auch Reflexionen über einen alltäglichen Zustand: Überall traf man auf Menschen, in den Städten, den Häusern, den Hotels und Cafés, den Kinos, den Boulevards, den Sportstadien, den Stränden. Die breite Bevölkerung hatte sich ihre Freiräume erobert. Der 1918 endlich durchgesetzte Achtstundentag und die neuen Konsummöglichkeiten sorgten dafür, dass viel mehr Menschen am öffentlichen Leben teilnehmen konnten, als es noch im Kaiserreich der Fall gewesen war. Und bald sollte das ausdrücklich auch für die Frauen gelten.

Wer der »Masse« partout nichts Positives abgewinnen konnte, redete lieber vom »Volk«. Dieser Begriff schien die Einheitssehnsüchte der Zeit zusammenzufassen: Das »Volk« war die geordnete, sozial gegliederte und von fremden Einflüssen gereinigte Masse, mehr Gemeinschaft als Gesellschaft. Als politisch enorm aufgeladene Begriffe geisterten »Volk« und »Masse« durch die Publizistik der Weimarer Republik, und wenn man die politisch-ideologischen Auseinandersetzungen der Zeit verstehen will, kommt man um diese beiden Konzepte nicht herum. Nicht zuletzt bereitete sich in diesem Spannungsfeld auch der Aufstieg der Nationalsozialisten vor, bei denen »Volk« und »Volksgemeinschaft« geradezu als religiöse Erlösungsformeln fungierten. In diesem politisch aufgeheizten Klima gewann die öffentliche Rede an Bedeutung – auch, weil sie ab Mitte der 1920er Jahre dank des Mikrofons und des Rundfunks viel größere Zuhörermengen erreichen konnte als zuvor. Während die politischen RednerInnen der Revolutionszeit 1918/19 noch regelrecht brüllen mussten, konnten Hitler und Goebbels später die Resonanzen des Lautsprechers für ihre Reden nutzen, was eine ganz andere Rhetorik und Dramaturgie ermöglichte.

Welche Generationen prägten die 1920er Jahre? Welchen Erfahrungshorizont hatten die jungen Leute, die nach dem Ende des Ersten Weltkriegs auf die Arbeitsmärkte drängten und sich ihren Platz in einer instabilen, verwilderten Gesellschaft suchen mussten? Was die Biographien der Männer betrifft, war da zunächst die Frontgeneration: Männer, die 1914 mit 20 oder 25 Jahren in den Krieg gezogen waren und nun zurückkehrten, um das überalterte Establishment des Kaiserreichs herauszufordern und ihren Anspruch auf die wichtigen Posten in der Gesellschaft geltend zu machen. Dann waren da aber auch noch die Jüngeren, die den Krieg nur von zu Hause aus erlebt hatten. Ernst Glaeser hat 1928 den definitiven Roman über diese Generation geschrieben und einen Sensationserfolg damit erzielt. In *Jahrgang 1902* schildert Glaeser die Erfahrungen einer Jugend, deren Pubertät in die Kriegszeit 1914–1918 fiel. Für die Kriegsteilnahme waren sie zu jung, von den schlimmen »Kohlrübenwintern« 1916 und 1917, dem Elend, der Kriegsniederlage und dem Massensterben während der Spanischen Grippe wurden sie geprägt.

Die Angehörigen des Jahrgangs 1902 wurden 1920 18 Jahre alt. Sie gehörten zu denen, die fast aus dem Nichts heraus eine neue gesellschaftliche Ordnung aufbauen mussten, hatten aber beim Gerangel um Jobs oft das Nachsehen. Gleichzeitig mussten sie erst einmal den Bruch mit den Leitbildern ihrer wilhelminischen Kindheit verarbeiten: Als 12-Jährige hatten sie noch den Soldaten zugejubelt, die in Richtung Belgien und Frankreich abfuhren, vier Jahre später waren ihre naiven Kriegsträume geplatzt, ohne dass sie eigentlich dabei gewesen waren. Sie und die noch Jüngeren, in etwa die Jahrgänge 1900 bis 1910, bildeten die chancenlose Jugend der Weimarer Republik. Gesellschaftliche Stabilität kannten sie kaum; erwachsen wurden sie in einer Zeit permanenter Unsicherheit. Auch spätere NS-Verbrecher der ersten Reihe wie Reinhard Heydrich, Heinrich Himmler, Hans Frank, Adolf Eichmann und Odilo Globocnik gehörten zu dieser »verlorenen Generation«.

Die Generationserfahrungen der Frauen folgten in vielerlei Hinsicht der gleichen Logik. Viele Frauen der Kriegsgeneration rückten in neue Berufe und verantwortungsvollere öffentliche Positionen auf, als die wehrfähige männliche Bevölkerung ab 1914 eingezogen wurde, mussten aber nach Kriegsende wieder für die heimkehrenden Männer Platz machen. Die Chancenlosigkeit der nach 1900 Geborenen traf auch die Frauen, die dazu noch in vielen Fällen die Familie über Wasser halten sowie sich um Kinder und Geschwister kümmern mussten. Mehr aber als bei den Männern zeichneten sich die Konturen einer kommenden neuen Frauengeneration ab. Stellvertretend für viele schrieb die Journalistin und erfolgreiche Tennisspielerin Paula von Reznicek 1928:

> Die Frau hat eine andere Stellung als früher, sie ist beruflich oder sportlich tätig, sie ist nicht mehr behütet, im Haushalt gefesselt, ihr Wissen, ihre Interessenssphären sind erweitert, sie ist Kamerad, Frau, Geliebte, Mutter in einer Person. Sie hat das Recht und die Sehnsucht nach mehr Freiheit als früher. Ob sie sie ausnutzt, und wie weit – ist ihre Sache.

Stand also die deutsche Gesellschaft nach dem Zusammenbruch der Monarchie vor einem kompletten Neuanfang? War 1918 eine »Stunde null«? Sicher nicht. Bei aller Faszination für den gesellschaftlichen und kulturellen Wandel darf man weder übersehen, dass schon die Zeit vor 1914 eine überaus dynamische Periode gewesen war, noch darf man die weitreichenden Kontinuitäten unterschätzen, die das Kaiserreich mit der Weimarer Republik verbinden. Das wird selbst an der Spitze der alten Gesellschaftsordnung deutlich, dem Adel. Zwar war das Ansehen der deutschen Adelsfamilien durch das Ende der Monarchie und das Abtreten der Hohenzollern stark beschädigt, allerdings konnten viele Adelige ihre Privilegien und Netzwerke durchaus in die neue Zeit hinüberretten. In Militär, Diplomatie, Politik und der höheren Verwaltung – also im Staatsdienst der Weimarer Republik – waren sie nahezu unverändert präsent, und auch ihren Landbesitz konnten sie in den meisten Fällen halten. Überhaupt blieb die soziale Struktur der deutschen Gesellschaft erstaunlich intakt. Schließlich wusste niemand, in welche Richtung das politische Pendel als Nächstes ausschlagen würde.

Kaiser Wilhelm II., der am 9. November 1918 überstürzt in die Niederlande ausgereist war, residierte unterdessen in Haus Doorn bei Utrecht, schimpfte über die »Saurepublik« und wartete noch lange auf die Gelegenheit, die Monarchie in Deutschland wiederherzustellen. Gemeinsam mit seinem Sohn, Kronprinz Wilhelm, war er der Auffassung, dass zunächst »ein Diktator den Karren aus dem Dreck ziehen« müsse, bevor die Hohenzollern wieder als Monarchen herrschen könnten. Der alte Kaiser und das rechtskonservative Establishment der Republik – allen voran der ab 1925 amtierende Reichspräsident Hindenburg – sahen daher in aller Ruhe zu, wie die Nationalsozialisten immer mehr an Zuspruch gewannen. Und sie vertraten 1933 die fatale Auffassung, dass ein Reichskanzler Hitler ihrer Sache mehr dienen würde als eine Fortsetzung der prekären Koalitionspolitik der frühen 1930er Jahre.

Schieber, Cliquen und Propheten

Jede historische Epoche hat ihre prägenden kulturellen Figuren. Sie verkörpern Probleme und Extreme einer Zeit, und sie verdichten historische Erfahrungen zu prägnanten Bildern. Die Neureichen, die Immobilienspekulanten und die Erfinder der Gründerzeit nach 1870 waren solche Figuren, aus denen sich ein bestimmtes Zeitbild zusammensetzt. Sie sind in der historischen Wirklichkeit verwurzelt, aber auch Produkte der Literatur und der populären Kultur. So haben auch die 1920er Jahre charakteristische kulturelle Figuren hervorgebracht: etwa den Raffke, den Schieber und den Spieler. Einige der damals prägenden Gestalten sind bereits weit früher entstanden, haben aber in den 1920er Jahren eine ganz eigene Ausprägung erfahren: beispielsweise der Straßenjunge, der Flaneur und der Hochstapler. Aber auch die »neue Frau« der 1920er ist so eine kulturelle Figur, die in sehr verschiedenen Varianten auftaucht: als Sekretärin, als Fräulein vom Amt, als Flapper, als Garçonne oder als Vamp. Die weibliche Hauptrolle in *Babylon Berlin*, die Stenotypistin Charlotte Ritter, ist dafür exemplarisch: Die Steno-Kurzschrift, die in den Büros Standard war, steht für Hektik und Tempo der Zeit, für die aufregende Eilmeldung und den schnellen Fluss von Informationen. Charlotte ist eine absolut moderne junge Frau, die sich in ehemaligen Männerdomänen behauptet und die verruchten Vergnügungen ihrer Zeit voll auskostet.

In diesen Figuren und sozialen Typen der Zeit spiegeln sich vor allem die prekären gesellschaftlichen Verhältnisse der Zeit zwischen Weltkrieg und Weltwirtschaftskrise, in denen das eigene Durchkommen oberste Priorität hatte. Die Inflation und die damit verbundene Arbeitslosigkeit erschütterte damals zahllose Biographien und nahm den Menschen das Vertrauen in die politische Führung bzw. die Institutionen, die nicht in der Lage waren, für Stabilität zu sorgen. »Es gab kaum eine deutsche Familie, deren Fundamente nicht unterhöhlt oder weggeschwemmt wurden«, schrieb der Philosoph Karl Löwith in seiner Autobiographie über diese Zeit.

Ein Großteil der alltäglichen Geschäfte wurde über Schwarzmärkte abgewickelt, auf denen mit illegal besorgten und verschobenen Waren gehandelt wurde – der »Schieber« wurde fast schon zum Normalfall. Mit Hamsterfahrten, Schleichhandel, Mundraub und gelegentlichen Plünderungen von Geschäften hielten sich manche knapp über Wasser, andere wiederum wurden auf diese Weise regelrecht reich. Der Schieber und der Raffke sind Figuren, die nehmen, was sie kriegen können; sie sind die rücksichtslosen Kriegs- und Krisengewinnler, die während der Inflationszeit mit immer ausgefeilteren Methoden zu Reichtum kommen. Romane wie *Der Schieberprinz* (1922) und *Raffke & Cie.* (1924) von Artur Landsberger oder *Flibustier* (1922) von Robert Müller fangen die aufgeheizte Atmosphäre eines Alltags ein, zu dem die Kleinkriminalität gehörte wie die tägliche Mehlsuppe. Den typischen »Raffke« hat Joseph Roth einmal so beschrieben:

> [Er] kommt aus kleinen Verhältnissen in große Paläste, vernichtet die Degenerierten, gibt Todeskandidaten den Gnadenstoß, zertritt die Armen und Schwachen, die auf dem Weg seines Triumphes liegen. Er besitzt keine geistigen Talente, aber den klugen Instinkt der Raubtiere.

Die Steigerungsform der Figuren des Schiebers und des Raffke ist der »Spieler«, der als rücksichtsloser Hasardeur im Verborgenen die Strippen zieht und ebenfalls nichts kennt als den eigenen Vorteil. Sein Prototyp ist die Hauptfigur in Fritz Langs Stummfilm *Dr. Mabuse, der Spieler* von 1922, der tagsüber ein ehrbarer Arzt und Psychiater ist, sich nachts aber in Clubs und illegalen Casinos herumtreibt. Dort setzt er seine manipulativen Fähigkeiten ein, um riesige Gewinne zu machen. Er schmuggelt, stiehlt und druckt Falschgeld, bis ihn die Staatsgewalt endlich zur Strecke bringt. Alle drei Figuren – der Schieber, der Raffke und der Spieler – erzählen von einem unregulierten und ungenierten Kapitalismus, in dem das Recht des Stärkeren herrscht und clevere Kompromisslosigkeit die Aussicht auf fabelhafte Gewinne eröffnet. Auch das charakterisiert die frühen 1920er Jahre als eine Zeit der zugleich begrenzten und unbegrenzten Möglichkeiten.

Als die wilde Zeit der unmittelbaren Nachkriegsjahre vorbei war und die Währungsreform von 1923/24 wieder für halbwegs stabile und verlässliche Verhältnisse gesorgt hatte, ließen sich die längerfristigen Entwicklungen wie der unaufhaltsame Aufstieg der Angestellten wieder besser beobachten. Sie nehmen in der Literatur der späten Weimarer Republik einen besonderen Platz ein: Mit ihren festen Arbeits- und Freizeiten sowie ihrem soliden Mittelschichtgehalt bildeten die Angestellten das Publikum vieler neuer Attraktionen der

Massenkultur. Generell standen sie für die sozial- und kulturgeschichtlichen Verschiebungen der Zeit: Gerade die Jüngeren unter den Angestellten waren in der Regel Singles, gingen abends gerne mal aus und waren offen für Neues. Ihr Arbeitsplatz war das Büro, ihr Schlafplatz das möblierte Zimmer. Aus Erich Kästners Romanen kennen wir den »möblierten Herrn«, der häufig bei alleinstehenden älteren Vermieterinnen – der Mann womöglich im Krieg geblieben, die Kinder aus dem Haus – unterkam. In Kästners Gedicht *Möblierte Melancholie* heißt es dazu: »Selbst das Handtuch möchte sauber bleiben. / Dreimal husten kostet eine Mark. / Um die alten Schachteln zu beschreiben, / Ist kein noch so starkes Wort zu stark.« Die Angestellten bevölkerten an den Wochenenden die Sportarenen, nachts gingen sie in Pianobars und Tanzlokale. Zumindest wird dieses Bild in Literatur und Feuilleton häufig vermittelt. Ganz richtig ist es nicht: Zwar waren die Angestellten tatsächlich ein besonders mobiler und offener Teil der Gesellschaft, allerdings hatten sie weder ausreichend Zeit noch Geld für das permanente Vergnügen. Man liegt wohl eher richtig, wenn man sie sich als halbwegs solvente Kleinbürger mit gewissen Freiheiten vorstellt.

Eines der wichtigsten Reservoirs für kulturelle Figuren der 1920er war darüber hinaus die Jugend mit ihren Aktivitäten und Organisationen. Die Situation der Jugend war eine der entscheidenden Zukunftsfragen der Zeit und beschäftigte Pädagogen wie Politiker: Nie zuvor war in Deutschland der Anteil von Jugendlichen an der Gesamtbevölkerung so hoch gewesen wie in den Jahren nach dem Ersten Weltkrieg. Dementsprechend bemühten sich die verschiedensten politischen und kirchlichen Organisationen darum, Jugendliche an sich zu binden: bürgerliche Jugendbewegung, Bündische Jugend, christ-

Sieben Stars der 1920er

- **Charlie Chaplin** wurde schon vor 1914 berühmt und war in den 1920er Jahren der wahrscheinlich bekannteste Schauspieler der Welt.
- **Josephine Baker** war Skandalnudel und Sexsymbol der 1920er Jahre. Nur mit einem Bananenröckchen bekleidet, wirbelte sie über die Varietébühnen des Montmartre.
- **Clara Bows** Hauptrolle in dem Film *It* (1927) machte sie schlagartig bekannt und zum Inbegriff des attraktiven »It-Girl« – der Frau mit dem »gewissen Etwas«.
- **Marlene Dietrich** begann ihre Karriere im Berlin der 1920er und wurde mit dem Film *Der Blaue Engel* (1930) weltberühmt. In der Folge ging sie als eine der ersten deutschen Schauspielerinnen nach Hollywood.
- **Greta Garbo.** »Die Göttliche« feierte Erfolge mit Filmen wie *Flesh and the Devil* (1927) *Anna Karenina* (1927), und *A Woman of Affairs* (1928) und verdiente Traumgagen.
- **Suzanne Lenglen** dominierte das Damentennis zwischen 1919 und 1926 und verlor in dieser Zeit kaum ein Turniermatch.
- **Paavo Nurmi** war der beste Mittel- und Langstreckenläufer der 1920er Jahre. Zwischen 1920 und 1931 holte Nurmi neun Goldmedaillen bei Olympischen Spielen und lief 24 Weltrekorde.

liche Pfadfinder, paramilitärische Verbände der DNVP oder der Nazis, sozialdemokratische Vereine, kommunistische Arbeiterjugend. Wer diese und andere Jugendorganisationen ablehnte, fand sich zum Teil in den sogenannten »Wilden

Cliquen« wieder, selbstorganisierten Jugendbanden, deren Territorium die Straße war und die sich teilweise gegenseitig bekämpften. Die Wilden Cliquen waren im Berlin der ausgehenden 1920er Jahre kein Randphänomen. Schätzungen gehen von mehreren hundert Cliquen mit insgesamt möglicherweise über 10 000 Mitgliedern aus.

Sie bezeichneten sich selbst als »wild«, weil sie im Gegensatz zu den zahllosen kirchlich oder parteipolitisch gebundenen Gruppen nicht von Erwachsenen organisiert worden waren. Obwohl die Wilden Cliquen grob gesagt eine proletarische Version der bürgerlichen Jugendbewegung darstellten, war es geradezu ihr Prinzip, sich antibürgerlich zu benehmen: Die Jungen machten sich lautstark bemerkbar, hingen auf Rummelplätzen herum und mischten die braven Jugendvereine auf. Ihre sprechenden Cliquennamen lauteten *Piratenblut*, *Schwarzflaggen*, *Rote Apachen* oder *Todesverächter*. Schirmmützen, Blusen und Arbeitsstiefel, aber auch Cowboyhemden, Piratenmützen, Halstücher, Ohrringe und Tätowierungen gehörten mit zum Outfit vieler Cliquen. Cliquennamen und Kleidungsstile machen deutlich, dass sich die Jugendlichen immer wieder auf die Inhalte der damals populären Abenteuerhefte, Groschenromane und Filmhelden bezogen, sei es auf Nick Carter, Buffalo Bill, Harry Piel oder Tarzan.

1927 publizierte der Reichsausschuss der deutschen Jugendverbände eine Statistik mit besorgniserregenden Zahlen: Demnach besaß jeder fünfte Jugendliche zwischen 14 und 18 Jahren kein eigenes Bett, jeder zehnte musste mit einem eingemieteten Fremden in einem Zimmer schlafen. Dabei hatte jeder dritte Jugendliche über 48 Wochenstunden zu arbeiten. Anfang der 1930er Jahre verschärfte sich die Lage der Jugend durch die verheerende Arbeitslosigkeit noch: 1932 lebten im

Deutschen Reich fast 1,5 Millionen arbeitslos gemeldete Männer und Frauen unter 25 Jahren. Die Wilden Cliquen reagierten auf ihre Weise auf diese Situation. In ihnen sammelten sich vorwiegend Jugendliche proletarischer Herkunft, deren Arbeitsmarktchancen extrem gering waren. In Hamburg nannte man sie »Butjes« oder »Brits«, im Jargon der Jugendpfleger hießen sie oft auch einfach »Halbstarke«. Der vor ein paar Jahren wiederentdeckte und neu aufgelegte Roman *Blutsbrüder* (1932) von Ernst Haffner bietet authentische und illusionslose Einblicke in diese Jugendmilieus – und er zeigt eine Jugend, die gelernt hatte, irgendwie durchzukommen und dabei so viel vom Leben mitzunehmen, wie es eben ging:

> Acht Jungens, sechzehn bis neunzehn Jahre alt. Einige sind aus der Fürsorgeanstalt geflüchtet. Zwei haben noch Eltern irgendwo in Deutschland. Der eine oder andere noch Vater oder Mutter. Ihre Geburt, ihre früheste Jugend fiel in die Zeit des Krieges und Nachkrieges. Schon als sie ihre ersten o-beinigen Gehversuche machten, waren sie sich selbst überlassen. Vater war im Krieg oder stand bereits auf der Verlustliste. Und Mutter drehte Granaten oder hustete ihre Lungen in den Pulver- und Sprengstoffabriken zentigrammweise aus. Die kohlrübenbauchigen Kinder – nicht einmal mehr kartoffelbäuchig waren sie – luchsten in Höfen und auf den Straßen nach Eßbarem. Wuchsen sie heran, gingen sie rudelweise auf Raub aus. Raub, um die Bäuche zu füllen. Bösartige, kleine Raubtiere.

Auf der Bildfläche der 1920er Jahre erschienen aber auch ganz andere Figuren. Die Weimarer Gesellschaft war ein Tummelplatz für verschiedenste Welterklärer, Propheten und Kulturreformer. Schon der Erste Weltkrieg hatte für einen neuen Boom religiöser und religionsähnlicher Deutungsangebote gesorgt; nach dem Zusammenbruch 1918 schossen dann die esoterischen Bewegungen und Gruppierungen nur so aus dem Boden. Anthroposophen, Naturheiler, Vegetarier, Abstinenzler, Feuerbestatter, Nudisten, Bodenreformer, Kommunarden, Reformpädagogen, Kunsterzieher, Religiöse Sozialisten, Buddhisten und viele andere konkurrierten miteinander. Eine besonders schräge Erscheinung der Zeit waren die Wanderprediger, die den gesellschaftlichen Bedarf an Sinnproduktion und radikalen Visionen auf ihre Weise bedienten. »Inflationsheilige« hat man die erleuchteten Gestalten dieser Jahre genannt, die teils mit christlicher Weltuntergangsrhetorik, teils mit einer abenteuerlichen Melange aus verschiedensten religiösen und philosophischen Heilslehren – vom Taoismus bis Oswald Spengler – durch die Lande zogen. Der Freidenker Hugo Efferoth sprach damals von einer regelrechten »Sektenseuche« und dem »Himmel-Fimmel« der Epoche.

Auf diese Weise wurde auch der pseudoreligiöse Spinner zu einer prominenten Figur der 1920er. Der aus dem Württembergischen stammende Unternehmer und Sekthändler Ludwig Christian Häusser ist dafür ein Paradebeispiel: Nach dem Zusammenbruch seiner Geschäfte beschloss Häusser 1918, sich als religiöser Führer zu etablieren. Nachdem er sich bei Gusto Gräser und dessen Kommunarden vom Monte Verità in Norditalien Anregungen geholt hatte, startete er seine Karriere als Wanderprediger, in Mönchskutte und mit wallendem Bart. Häusser scharte AnhängerInnen um sich, besonders Frauen, und beschimpfte das Publikum seiner prophetischen Reden als »lebende Leichname« und »modernde Aashäuser«. Sich selbst verstand Häusser dagegen als »Retter Deutschlands« und kommender »Weltpräsident«. Er gründete 1922 die »Christlich-Radikale Volkspartei« und trat 1925 – natürlich erfolglos – bei der Reichspräsidentenwahl an. Bis zu seinem Tod 1930 verbrachte Häusser schließlich die meiste Zeit in Nervenkliniken.

Teilweise wirkten die Anhänger Häussers noch verrückter als er selbst – wie etwa Leonhard Stark, der sich mit Jesus und Laotse verglich. Das ererbte Vermögen seiner Frau brachte er durch, um dann als apokalyptischer Marktschreier und Sexguru durch die Lande zu ziehen. Mehr Egozentrik ist kaum möglich. Von heute aus gesehen wirken die »Inflationsheiligen« wie Häusser und Stark natürlich nur noch lächerlich. Sie hatten aber nicht nur erstaunlichen Einfluss, sondern sie sind auch insofern exemplarische Figuren der Zeit, als solche Wanderprediger und Selfmade-Propheten immer in Umbruchszeiten populär werden. Dass die langhaarigen und barfüßigen Sektenführer mit ihrem ideologischen Gebräu aus den verschiedensten Weltreligionen einen Nerv der Nachkriegsgesellschaft trafen, macht sie so interessant. Zudem vereinigen sie in sich viele Widersprüche der Epoche. So war etwa der Architekt Franz Kaiser, der sich 1921 dem Wanderprediger Häusser anschloss und bald wegen Beleidigungs- und Diebstahldelikten verurteilt wurde, die ganze Zeit über mit den Berliner Dada-Künstlern Raoul Hausmann, Wieland Herzfelde und George Grosz befreundet. Damals passte zusammen, was aus heutiger Perspektive vielleicht nicht mehr zusammenpasst – eine der vielen Überraschungen, die die 1920er für uns bereithalten.

Lange hielt das Phänomen der Inflationsheiligen nicht an: Nach der Währungsreform von 1923 verloren die Propheten rasch ihr Publikum; mit der zunehmenden sozialen Sicherheit

Von 100 000 Studierenden an deutschen Hochschulen waren im Jahr 1925 ca.

90 000 Männer — 10 000 Frauen

Eine der berüchtigten Cliquen des organisierten Verbrechens im Berlin der 1920er Jahre war unter dem Namen Geselligkeits-Verein Immertreu 1919 e.V. in das Vereinsregister eingetragen.

Von 36 Nobelpreisen, die in den 1920ern vergeben wurden, gingen allein 11 an deutsche Wissenschaftler, Politiker und Künstler – allesamt Männer.

Die Arbeitslosenzahlen waren

1920–1929	>1 000 000
ab 1930	3 000 000
ab 1932	5 000 000

Gegen Ende der 1920er Jahre hatte Leipzig über **700 000** Einwohner und war die fünftgrößte Stadt Deutschlands.

Von allen 1925 in den Kinos gezeigten Filmen waren US-Produktionen

Deutschland	60%
Frankreich	83%
Großbritannien	95%

Der Stundenlohn eines Holzfacharbeiters oder Buchdruckers betrug im April 1925 – nach der Währungsreform – in etwa eine Reichsmark.

2 630 000	im Januar 1930
549 000	im Januar 1925
9 900	im April 1924 in Dtl.

1923 waren zeitweise 30 000 ArbeiterInnen und 1800 Druckmaschinen nur damit beschäftigt, neues Papiergeld zu drucken, um dem rasant wachsenden Bedarf nachzukommen.

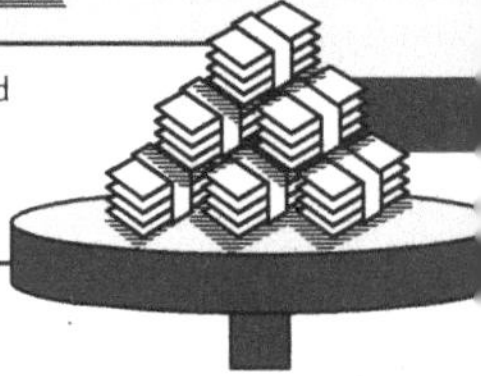

Die 1920er in Zahlen

Schon gewusst ...?

DONNERSTAG
24
OKTOBER

Der »Schwarze Freitag«, der 1929 den globalen Börsencrash auslöste, war nach der Ortszeit an der New Yorker Wall Street eigentlich ein Donnerstag.

Die beliebtesten männlichen Vornamen waren: Hans, Heinz und Karl ... die beliebtesten weiblichen Vornamen waren: Gertrud, Ilse und Hildegard, etwas später dann Ursula.

Nur 2 von 21 Regierungskabinetten der Weimarer Republik hatten eine Mehrheit im Parlament.

5600000000	Mark im November
14000000	Mark im Oktober
2200	Mark im Juli
474	Mark im Mai 1923

1 Kilo

vieler Menschen schwand der Bedarf an pseudoreligiöser Erleuchtung. Weitaus länger hielten sich die vielen Reformideen aus dem Umkreis der Jugendbewegung und der Bündischen Jugend – und auch unter ihnen gab es zahlreiche problematische Akteure, etwa den autokratischen Pädagogen Gustav Wyneken, eine Galionsfigur der Jugendbewegung, der wegen sexuellen Missbrauchs ein Jahr hinter Gitter musste. Ziel der von Wyneken gegründeten Freien Schulgemeinde Wickersdorf war die »Formung des Menschen im Sinne einer Weltanschauung« – eine Formulierung, die ihren historischen Schatten weit vorauswarf. Martin Luserke wiederum gründete 1925 auf der Nordseeinsel Juist die »Schule am Meer«, in der musik- und theaterpädagogische Ansätze sowie eine handwerkliche Ausbildung auf dem Programm standen. Auch bei Luserke kippte die Pädagogik in einen Persönlichkeitskult, wie später Carl Zuckmayer schrieb: Luserke habe auf Juist eine »Diktatur [...] der persönlichen Faszination« und der »fast ans Unerlaubte grenzenden Beeinflussung« errichtet. Im Rückblick erkannte er in der Schule am Meer »Hitlerjugendzüge«, wobei Luserke selbst als »mythischer Häuptling« fungiert habe.

Beispiele dieser Art lassen sich in der Literatur der Zeit fast beliebig viele finden. So waren die 1920er Jahre auch eine Zeit der Visionen und der Visionäre – angesichts der instabilen, ungewissen Zeit war klar, dass es dabei immer ums Ganze ging, um den Bau der Gesellschaft und die Gestaltung der Zukunft. Aufbruch und Abenteuer, Erlösung und Erleuchtung, Konsum und Glamour, Durchwursteln und Weiterkommen: In den Figuren der 1920er prallten Weltanschauungen aufeinander, und die Menschen verwickelten sich in erbitterte Meinungs- und Deutungskämpfe, wie wir sie uns heute kaum noch vorstellen können.

Geschlechterordnungen und die »neue Frau«

Das viktorianische England (bis 1901) und das wilhelminische Deutschland (bis 1918) sind zu Recht als Epochen einer restriktiven Sexualmoral in die Geschichtsbücher eingegangen, die vor allem die Frauen in ihrem Alltag und ihren Liebesbeziehungen einschränkte. Die 1920er Jahre gelten dagegen als Jahrzehnt der »neuen Frau«. Aber wie neu war diese Frau wirklich? Welche Frauen waren von den Neuerungen betroffen? Und was ist mit den Männern? Um diese Fragen zu beantworten, müssen wir wieder einmal im Krieg beginnen. Denn der Erste Weltkrieg hatte die traditionellen Geschlechterbeziehungen ordentlich durcheinandergewirbelt. Durch den Kriegseinsatz der Männer rückten viele Frauen in Berufe ein, die ihnen bisher verschlossen geblieben waren, etwa im Verkehrswesen: Die Straßenbahnfahrerin war damals noch ein durchaus ungewohntes Bild in den Städten. Nebenbei mussten die Frauen auch zu Hause den Laden zusammenhalten, sich weiterhin um Haushalt, Kinder und Organisation kümmern und dafür die gesamte Verantwortung übernehmen – und das in überaus schwierigen Zeiten. Darüber hinaus mussten viele Frauen in der Rüstungsindustrie arbeiten, also teilweise schwere und monotone Fabrikarbeit leisten. Frauen übernahmen nun also eine Reihe von Aufgaben, die zuvor als »männlich« gegolten hatten, und konnten so – ob sie wollten oder nicht – ihre Spielräume erweitern. Weibliche Erwerbsarbeit begann, »normal« zu werden.

Wer allerdings denkt, der Erste Weltkrieg hätte viel zur Emanzipationsgeschichte beigetragen, irrt. Denn der Krieg sorgte auch für eine fundamentale Geschlechtertrennung, die alte Ordnungen zu bestätigen schien. Front und Heimat verkörperten einen vertrauten Gegensatz: Die Männer zogen hinaus, um zu kämpfen und zu erobern, und die Frauen blieben zu Hause bei den Kindern. Zudem beeilten sich die Männer nach 1918, wieder die gewohnten Verhältnisse herzustellen und ihre alten Plätze wieder einzunehmen. Vor allem wurden die Frauen in ihren Jobs nach wie vor schlechter entlohnt als die Männer. Die Berlinerin Alice Salomon hatte 1906 ihre Doktorarbeit über *Die Ursachen der ungleichen Entlohnung von Männer- und Frauenarbeit* verfasst, und dieses Problem blieb in den 1920er Jahren unverändert bestehen. Allerdings schützte dieser *Gender Pay Gap* während der Weltwirtschaftskrise 1929 viele Frauen paradoxerweise davor, einfach entlassen zu werden, da man in Zeiten der Krise natürlich die billigsten Arbeitskräfte weiterbeschäftigen wollte.

In der Gesamtbilanz erhöhte sich der Anteil weiblicher Angestellter in Industrie, Handel und Dienstleistungen in den 1920er Jahren deutlich. Es entstand eine Reihe von typischen Frauenberufen: die Fließbandarbeiterin, die Verkäuferin, die Stenotypistin und Sekretärin, die Volksschullehrerin. Nach dem Krieg blieben zudem viele Frauen auf dem Gebiet der Sozialarbeit tätig. Überhaupt entwickelte sich die Sozialarbeit in den 1920ern zu einem anerkannten Berufsbild. Alice Salomon hat wesentlich dazu beigetragen: Schon vor 1914 hatte sie sich intensiv für Frauenbildung eingesetzt, 1925 gründete sie in Berlin die *Deutsche Akademie für soziale und pädagogische Frauenarbeit*, in der auch Prominente wie der Physiker Albert Einstein, der Psychoanalytiker Carl Gustav Jung, der Theologe Romano Guardini und die Frauenrechtlerin Gertrud Bäumer vortrugen – ein Who is Who des damaligen öffentlichen Lebens. In den Veröffentlichungen der Akademie wird auch nach den Lebensbedingungen der Menschen in den ausgehenden 1920er Jahren gefragt: Einerseits danach, »wie Familien angesichts von Inflation, Depression und Arbeitslosigkeit Überleben für sich möglich machen, wie sie arbeiten, wirtschaften, Freude erleben, Feste feiern und sich um die Zukunft ihrer Kinder sorgen«, andererseits danach, »wie Dumpfheit, Monotonie, politische Unaufgeklärtheit unter sozial und wirtschaftlich engen und ungünstigen Bedingungen entstehen kann«. Wer die Gründe für das Ende der Weimarer Republik verstehen will, kann darin viel Material aus erster Hand finden.

Ein echter historischer Einschnitt ergibt sich bei der Frage des Frauenwahlrechts. Dass die Frauen nun endlich an die Wahlurnen durften, gehört zu den unzweifelhaften Errungenschaften der Weimarer Republik. »Sonntag. Wahltag. Zum ersten Mal gewählt. [...] Hatte mich so gefreut auf diesen Tag«, schrieb die Künstlerin Käthe Kollwitz am 19. Januar 1919 in ihr Tagebuch. Obwohl das Frauenwahlrecht damals beispielsweise auch in Österreich, Polen und Russland eingeführt wurde, war es dennoch keine Selbstverständlichkeit. Das zeigen die Entwicklungen in Großbritannien, in Frankreich und in der Schweiz, wo Frauen erst ab 1928, 1944 bzw. 1971 politisch mitbestimmen konnten. Fortschrittlich zeigte sich Deutschland auch bei der Zahl politisch aktiver Frauen: In der ersten Weimarer Nationalversammlung waren immerhin 37 von 421 Sitzen von Frauen besetzt. Vier Wochen nach der ersten für Männer und Frauen geöffneten Wahl sprach die erste weibliche Abgeordnete in einem deutschen Parlament. Die Sozialdemokratin Marie Juchacz begann ihre Rede mit den Worten: »Was diese Regierung getan hat, das war eine Selbstverständlichkeit. Sie hat den Frauen gegeben, was ihnen bis dahin zu Unrecht vorenthalten worden ist.« Viele kleine Fortschritte für Frauen gab es auch im Bereich der Berufsbeschränkungen – so konnten sie ab 1922 endlich auch Rechtsanwältinnen und ab 1924 Richterinnen werden.

Gewisse Veränderungen ergaben sich außerdem im Bereich des Eherechts. In Artikel 119, Absatz 1, der Weimarer Verfassung von 1919 heißt es: »Die Ehe steht als Grundlage des Familienlebens und der Erhaltung und Vermehrung der Nation unter dem besonderen Schutz der Verfassung. Sie beruht auf der Gleichberechtigung der beiden Geschlechter.« Erstmals wurde also die Gleichberechtigung in der Ehe zumindest auf dem Papier gefordert. In der Praxis freilich sah es anders aus: Noch bis weit in die 1960er Jahre durften verheiratete Frauen ohne Zustimmung ihres Ehemannes kein Bankkonto eröffnen. Bis 1977 galt zudem, dass Ehefrauen nicht allein entscheiden durften, ob sie eine Arbeitsstelle annahmen. Trotzdem hatte die Gleichberechtigungsklausel der Weimarer Verfassung eine wichtige Symbolwirkung. So wurde in den 1920ern beispielweise die Möglichkeit einer einvernehmlichen Scheidung immer vehementer gefordert. Ein entsprechender Gesetzesentwurf wurde allerdings 1929 von der katholischen Zentrumspartei abgelehnt und verschwand damit für lange Zeit in der Versenkung.

Das Thema Sexualität wurde in den 1920er Jahren zunehmend brisanter. Zuvor hatte man nur selten öffentlich darüber debattiert, doch nun traten viele AkteurInnen auf den Plan, die ein Umdenken forderten. Im Schnittfeld von Hygienebewegung, Reformpädagogik und Psychoanalyse wurde – in verschiedensten Varianten – Sexualität als menschliches Grundbedürfnis thematisiert, über das die Bevölkerung aufgeklärt werden müsse. Dabei konnte es ebenso um die Erforschung des Seelenlebens gehen wie um Vorbeugung gegen Geschlechtskrankheiten oder den richtigen Gebrauch von Verhütungsmitteln. Eugenische Argumentationen, die auf die Entwicklung eines »gesunden Volkskörpers« zielten, fanden sich nicht nur im rechten politischen Spektrum, sondern teilweise auch auf der Linken.

Ein anderes aufklärerisches Anliegen verfolgte eine Gruppe Berliner Ärzte: Das 1920 von Magnus Hirschfeld, Friedrich Wertheim und Artur Kronfeld begründete Institut für Sexualwissenschaft kämpfte gegen restriktive Sittengesetze und für die gesellschaftliche Anerkennung der Homosexualität. Insbesondere Hirschfeld beschäftigte sich auch mit Phänomenen wie dem Transvestitismus und stand von Beginn an im Kreuzfeuer der Kritik. Im Laufe der 1920er Jahre wurde er immer wieder massiv angefeindet und bei Angriffen rechtsradikaler Schlägertrupps sogar schwer verletzt.

In Österreich gab der Publizist Hugo Bettauer ab Februar 1924 eine sexualaufklärerische Zeitschrift unter dem Titel *Er und Sie. Wochenschrift für Lebenskultur und Erotik* heraus. Das Blatt erschien in einer Auflage von 60 000 Stück – das entspricht ziemlich genau der heutigen Auflage des wichtigsten österreichischen Nachrichtenmagazins *profil.* Trotz oder besser wegen seines Erfolges wurde Bettauer kurz nach dem Start der Zeitschrift wegen Sittenwidrigkeit angeklagt und schließlich im März 1925 von einem – damals in Österreich illegalen – Nationalsozialisten erschossen. Es war also regelrecht gefährlich, sich für sexuelle Aufklärung einzusetzen, so verkrustet, wie die Vorstellungen in den 1920er Jahren noch waren. Eine ernstzunehmende »sexuelle Revolution« sollte erst in den 1950ern und 1960ern einsetzen.

Dass sich die Sexualität in vielerlei Hinsicht liberalisierte, war gleichwohl nicht zu übersehen. Entsprechende Signale kamen nicht zuletzt aus dem Bereich der expandierenden Kulturindustrie: Groschenromane, Filme und Werbung verbreiteten frivole Darstellungen – vieles davon folgte US-amerikanischen Schnittmustern. Wer damals etwa im Mittleren Westen der USA ins Kino ging, konnte erstaunliche Filme wie *Sinners in Silk* (1924), *Women Who Give* (1924), *Rouged Lips* (1923) oder *Flaming Youth* (1923) sehen, in denen das immer freizügigere Spiel mit sexuellen Motiven erprobt wurde. Da der Großteil des Filmangebots in den meisten europäischen Ländern aus den USA stammte, kam diese Liberalisierungswelle auch diesseits des Atlantiks schnell an.

Die immer massiver in Umlauf gebrachten populärkulturellen Bilder formten auch das, was wir heute als die »neue Frau« der 1920er Jahre kennen: ein Leit- und Klischeebild, ein Mythos, der ein Eigenleben entfaltete. Dazu gehörte die französisch angehauchte Variante der *garçonne* ebenso wie der amerikanische *vamp* mit Kurzhaarschnitt, Zigarettenspitze und Schnapsglas. Vorbilder dafür hatte es allerdings auch schon in den Jahrzehnten vor 1914 gegeben – mit dem Unterschied, dass damals die Möglichkeiten der medialen Verbreitung noch lange nicht so gut waren wie dann in den 1920ern.

Auch abseits solcher überzeichneter Bilder lässt sich der Wandel weiblicher Selbstbilder sehr wohl an der Entwicklung der Mode ablesen. Schon zwischen 1900 und 1914 war der Kleidungsstil bürgerlicher Frauen insgesamt schlichter und stren-

Die »neue Frau« auf der Titelseite der Lustigen Blätter von 1926, die den Sonntags-Korso des Damen-Automobilklubs »Vierrad-Bremse« zeigt.

ger geworden, allerdings gab es daneben weiterhin die klassische, opulente Mode der Rüschen, Schleppen und Wespentaillen. Nach 1918 war damit jedoch Schluss, zumindest in der neuen Generation. Was sich durchsetzte, war die einfache, schlanke Silhouette: Die Röcke verkürzten sich bis auf Kniehöhe, die Taille rutschte bis in den Bereich der Hüfte herab, eine androgyne Jugendlichkeit war das Leitbild. Dazu passten weiche, vorteilhaft fallende Stoffe wie Jersey oder Strickstoffe. Tief dekolletierte, schmal geschnittene Abendkleider dominierten bei Parties und ließen vergleichsweise viel nackte Haut sehen. Stirnbänder und Turbane ersetzten die ausladenden Hüte der Vorkriegszeit – vor allem aber wurden die Frisuren kurz, der Bubikopf zum Symbol der neuen Zeit. Auch die Bademode wurde im Laufe der 1920er Jahre immer freizügiger. Knappe Einteiler ersetzten die altmodischen Badekleider des

Kaiserreichs, und auch die ersten Zweiteiler erschienen auf der Bildfläche – für die Behörden anscheinend ein Problem, denn das preußische Innenministerium sah sich genötigt, in einer »Badepolizeiverordnung« von 1932 das »Baden in anstößiger Badekleidung« zu verbieten. Die Badeanzüge mussten Brust und Bauch durchgehend bedecken und zumindest über angeschnittene Beine verfügen. In sogenannten Familienbädern hatten übrigens auch Männer Badeanzüge zu tragen. Die 1930er Jahre nahmen auf diese Weise einige der neu gewonnenen Freiheiten wieder zurück.

Nun könnte man einwenden, dass all das nur den Bereich der Mode betrifft – modische Freiheiten bedeuten noch lange keine stärkere gesellschaftliche Teilhabe. Aber vielleicht unterschätzt man damit die Bedeutung des neuen Lebensgefühls, nicht mehr in die Korsetts des Kaiserreichs eingespannt zu sein, sondern selbstbestimmt auftreten zu können. Auch wenn die reale Situation der meisten Frauen kaum besser war als vor 1914, vermittelte ihnen der neue Stil zumindest eine starke Idee von Freiheit. Ein brillanter Zeitroman der späten Weimarer Republik, Irmgard Keuns *Das kunstseidene Mädchen* (1932), illustriert das Selbstbewusstsein, das mit den neuen Stoffen und der neuen Mode aufkam. Kunstseide, Viskose- oder Azetatseide oder einfach »Glanzstoff« steht für Schein statt Sein, für das Rollenspiel in der täglichen Büroarbeit und im nächtlichen Vergnügen. Das Material steht aber auch für Selbstsorge, den Traum vom sozialen Aufstieg und das »kleine bisschen Farbe« im Leben, das sich nun auch die einfachen Arbeiterinnen und Angestellten leisten konnten. »Ich will so ein Glanz werden, der oben ist. Mit weißem Auto und Badewasser, das nach Parfüm riecht, und alles wie Paris«, sagt die Hauptfigur Doris einmal, und als sie gerade in Berlin angekommen ist, zieht sie ihre Zwischenbilanz: »Es geht etwas vorwärts. Ich habe fünf Hemden Bembergseide mit Handhohlsaum, eine Handtasche Rindleder mit etwas Krokodil dran, einen kleinen grauen Filzhut und ein paar Schuhe mit Eidechsenkappen.«

Impulsgeberin und Galionsfigur der neuen Moderichtung war Coco Chanel. Ihre einfarbigen Röcke, strengen Kostüme, Hemdblusenkleider und das »kleine Schwarze« markierten den gehobenen Standard für das neue Frauenbild der 1920er Jahre. All das signalisierte Eleganz, Unabhängigkeit und Selbstbewusstsein, erfasste aber durchaus nicht alle gesellschaftlichen Schichten. Während sich die »neue Frau« oberhalb der Mittelschicht etablierte, blieben zahllose Arbeiterinnen und Frauen auf dem Land nicht nur an die aufreibende Mehrfachbelastung als Erwerbstätige, Hausfrau und Mutter, sondern auch an ein konventionelles Erscheinungsbild gebunden. Erst recht galt das für alle, die von der Arbeitslosigkeit betroffen waren und einen Alltag zu organisieren hatten, der mit Berliner *vamps* und Coco Chanel wahrlich nichts zu tun hatte. Es gehört zu den Gleichzeitigkeiten und Ungleichzeitigkeiten der 1920er Jahre, dass damals nicht nur das neue, sondern auch das traditionelle Frauenbild propagiert wurde – wie etwa bei der Einführung des Muttertags 1923, für den der »Verband Deutscher Blumengeschäftsinhaber« ordentlich die Werbetrommel rührte.

In den Geschlechterbeziehungen hat sich also einiges verändert, anderes blieb beim Alten. In der unsicheren Epoche der 1920er existierten sehr unterschiedliche Modelle nebeneinander. Das gilt keineswegs nur für die Frauen, sondern auch für die Männer. Zwar war ein »neuer Mann« noch lange nicht in Sicht, allerdings gab es immer mehr Zeichen dafür, dass sich die alten Verhältnisse auch hier etwas lockerten. HistorikerInnen haben mit Blick auf die 1920er Jahre von einer »Krise der Männlichkeit« gesprochen: Der Weltkrieg hatte kaum Heldenbilder produziert, sondern vielmehr verwundete, gebrochene und versehrte Männer hinterlassen. Zudem schien der erweiterte Aktionsradius vieler Frauen die patriarchalen Ordnungen zu bedrohen. Während Frauen als Produzentinnen und Konsumentinnen die öffentliche Bühne eroberten, kämpften die Männer um ihren alten Status. Erst recht dann im Zeichen der Wirtschaftskrise: Die Männer in Erich Kästners *Fabian* (1931) oder Hans Falladas *Kleiner Mann – was nun?* (1932) sind keine Machertypen, sondern passive, verunsicherte oder sogar scheiternde Figuren.

Für die Ambivalenz der Geschlechterordnungen steht beispielweise der spanische Maler Pablo Picasso. In seinem Auftreten sowie in der Vielzahl seiner Ehen und Liebesaffären repräsentierte er ein ganz konventionelles Bild kompromissloser heterosexueller Männlichkeit – ein Macho und »alter weißer Mann«, wie er im Buche steht. Frauen behandelte er alles andere als liebevoll, und in seiner Malerei taucht immer wieder der Stier als vielsagendes Männlichkeitssymbol auf. Allerdings weisen Picassos Werke auch in eine andere Richtung. Viele seiner Bilder der 1920er und 1930er Jahre durchbrechen die Grenzen von Identität und Geschlecht. Seine Figuren scheinen einem Baukasten für menschliche Körper zu entstammen: in Teile zersplittert, aus Teilen wieder zusammengesetzt. Frauen und Männer erscheinen mit ihren scheinbar willkürlich angeklebten Geschlechtsteilen fast austauschbar. Das moderne Ich, so eine mögliche Botschaft, ist ebenso instabil wie sein Geschlecht. Im gesellschaftlichen Labor der 1920er Jahre wurden die neuen Instabilitäten so intensiv erprobt wie vielleicht nie zuvor.

Rationalisierung und Vernetzung

Sucht man nach Schlagworten, die den technischen Fortschritt der 1920er Jahre umreißen, dann sind »Rationalisierung« und »Vernetzung« sicher keine schlechte Wahl. In vielen Lebensbereichen setzten sich nun Technologien durch, die schon vor 1914 entwickelt worden waren, nun aber zu großen Infrastrukturen ausgebaut wurden. Man denke an die flächendeckende Elektrifizierung der Haushalte auch auf dem Land, an die gigantischen Verbundindustrien des Ruhrgebiets oder der IG Farben und den Ausbau des Telefonnetzes. Eine Expansion erfuhr auch das Straßennetz: Die Autobahn war keineswegs eine Erfindung der Nationalsozialisten, auch wenn das gern behauptet wird, sondern schon ein Herzstück der vorausschauenden Verkehrsplanung der Weimarer Republik. Prägend wurden darüber hinaus die Sektoren der Petrochemie und der Kunststoffchemie, die neue Produkte und neue Möglichkeiten hervorbrachten.

Die deutsche Wirtschaft beschäftigte sich in jener Zeit mit der Rationalisierung der Arbeits- und Betriebsabläufe, wie sie der Ingenieur Frederick W. Taylor und der Industrielle Henry Ford in den USA in unterschiedlicher Weise vorgeschlagen hatten. Während Taylors Ideen auf die Optimierung der Arbeitsabläufe und der Arbeitsmotivation zielten, ging es Ford um die Technisierung der Produktion, vor allem in Form der Fließbandarbeit. Taylor hatte 1911 in seinem Werk *The Principles of Scientific Management* einem fiktiven Musterarbeiter bezeichnenderweise den deutschen Namen Schmidt gegeben, es war also kein Wunder, dass die Idee einer wissenschaftlich gestützten Effizienzsteigerung der Arbeit sehr schnell auch in Deutschland ankam. Die deutsche Übersetzung von Taylors Managementfibel erschien noch im gleichen Jahr wie das Original.

Umgesetzt wurden seine Prinzipien dann vor allem in den 1920er Jahren: 1924 wurde der REFA gegründet, der Reichsausschuss für Arbeitszeitermittlung, der sich um die Kalkulation aller industriellen Arbeitsprozesse bemühte. Zeitgleich wurden auch Henry Fords Ideen aufgegriffen. Etwa zeitgleich mit der Öffnung des deutschen Marktes für US-amerikanische Kredite und Automobile ging bei Opel 1924 das erste Fließband Deutschlands in Betrieb. Aufbauend auf eigenen, älteren Rationalisierungsmodellen wurden Taylorismus und Fordismus nun zu Blaupausen der Massenproduktion nach US-amerikanischem Vorbild. In ihrem Zeichen wurden Management und Bürokratie auch in der deutschen Wirtschaft immer wichtiger, »Rationalisierung« wurde zum allgemein – auch von den Gewerkschaften – akzeptierten Gebot der Stunde. Mit seiner bösen Satire auf eine wissenschaftlich vollkommen durchgeplante Gesellschaft hat Aldous Huxley 1932 in *Brave New World* die wohl bekannteste Anti-Utopie zu dieser Entwicklung geschrieben.

Unter anderem dank ihrer Errungenschaften auf den Gebieten der Elektrotechnik, Chemie und Optik konnte sich die deutsche Industrie nach der Währungsreform von 1923 erneut eine führende Position auf dem Weltmarkt erarbeiten. Auch Maschinenbau, Bergbau und Stahlindustrie florierten; die Löhne und Gehälter erreichten wieder das Niveau der Vorkriegszeit, und 1927 übertraf die deutsche Industrieproduktion die Zahlen des Kaiserreichs. Es schlug die Stunde der industriellen Großtechnik, der Verbundwirtschaft und der riesigen Konzerne: 1926 fusionierten mehrere Großunternehmen der Montanindustrie zu den Vereinigten Stahlwerken; Carl Duisberg initiierte 1925 die Gründung der IG Farben als Fusion von Bayer, Agfa und BASF. Die chemische Industrie versprach lukrative Geschäfte: Nach dem Ersten Weltkrieg begründete der deutsche Chemiker Hermann Staudinger an der ETH Zürich die modernen Polymerwissenschaften und schuf damit die theoretischen Grundlagen für die Produktion zahlreicher Kunststoffe. Für die spätere massenhafte Verbreitung von Plastik waren die 1920er also eine entscheidende Vorbereitungsphase. Nicht weniger wichtig waren Entwicklungen auf dem Gebiet der Hochdrucksynthesen, insbesondere der Kohlehydrierung: Im kohlereichen Deutschland konnten auf diese Weise flüssige Treibstoffe wie Benzin oder Dieselöl hergestellt werden, ohne dass Erdöl importiert werden musste.

Ein großes Thema der 1920er Jahre war die Elektrifizierung, die entscheidend vorangetrieben wurde. Die Kraftwerke wurden stärker, die Übertragungswege länger, es entstanden riesige Verbundsysteme der Energiewirtschaft. Um den hochgespannten Überlandstrom auf Haushaltsstärke zu bringen, brauchte man nun ein dichtes Netz von Um- und Abspannwerken. Wer die Elektrifizierung der 1920er einmal vor Ort besichtigen möchte, dem empfehle ich einen Spaziergang zu einem der erhalten gebliebenen Kraft- oder Umspannwerke in Berlin oder gleich nach Berlin-Siemensstadt.

Der vielbeschäftigte Chefarchitekt der Berliner Elektrizitätswerke (BEWAG) war in den 1920er Jahren Hans Heinrich Müller. Die von ihm geplanten elektrotechnischen Bauwerke sind funktional und spektakulär zugleich – etwa das Kraftwerk Klingenberg von 1927, das damals als modernste Anlage Europas galt, oder die Umspannwerke Scharnhorst, Humboldt, Buchhändlerhof und Leibniz. Schon in ihren Dimensionen zeigen diese roten, über die ganze Stadt verteilten Klinkerbauten, dass die städtische Infrastruktur damals auf ein ganz neues Niveau gehoben wurde. Dazu ist das Design dieser Bauten überaus gelungen und vermittelt viel von der Atmosphäre der Zeit. In Siemensstadt wiederum kann man besichtigen, wie die Branche in den 1920ern boomte. Schicht für Schicht ist hier zu sehen, wie das Unternehmen Siemens gewachsen ist – Ende der 1920er kam etwa das gewaltige Wernerwerk-Hochhaus sowie die Siedlung Siemensstadt hinzu, die für die mittlerweile über 2000 Arbeiter und Angestellten des Konzerns samt ihren Familien reserviert war.

Die Technisierung der Haushalte begann in den USA schon vor dem Ersten Weltkrieg, in Deutschland dann im Wesentlichen in den 1920er Jahren. Als Erstes verbreiteten sich das elektrische Bügeleisen, die mit Elektromotor ausgerüstete Waschmaschine und der mit Vakuumpumpen oder Ventilatoren betriebene tragbare Staubsauger. Auch den elektrischen Kühlschrank gab es schon, aber er war außerhalb der USA noch nicht wirklich erschwinglich und daher auch noch kaum in den Küchen zu sehen. Elektrische Koch- und Backherde fand man gegen Ende des Jahrzehnts schon häufiger: 1928 wurden 20 000 dieser Geräte im Deutschen Reich gezählt, 1931 waren es dann bereits 75 000. Viele Menschen bekamen damals Lust, die Prinzipien der tayloristischen Produktion auch zu Hause auszuprobieren: Erna Meyers Buch *Der neue Haushalt. Ein Wegweiser zur wissenschaftlichen Haushaltsführung* avancierte 1926 zum Verkaufsschlager.

Der vielleicht zukunftsweisendste Aspekt der Haushaltstechnisierung war die Kommunikationstechnik. In wenigen Jahren gelang es der deutschen Postverwaltung, ein leistungsfähiges Fernmeldenetz aus unterirdisch verlaufenden Kabelleitungen aufzubauen, so dass das deutsche Netz ab 1926 als Zentrum des europäischen Telefon- und Telegraphenverkehrs dienen konnte. Die Zahl der Telefonanschlüsse in Deutschland stieg von 1,22 Millionen im Jahr 1913 auf 3,2 Millionen im Jahr 1929 an, während beispielsweise die Zahl der Postsendungen in diesem Zeitraum fast stagnierte. Seit 1923 konnte man zudem mittels einer automatisierten Telefonvermittlung telefonieren, was die Gespräche vereinfachte.

Im gleichen Jahr 1923 wurde auch die erste deutsche Rundfunksendung übertragen: Unter der schönen Bezeichnung »Deutsche Stunde. Gesellschaft für drahtlose Belehrung und Unterhaltung« gründete sich eine Firma, die – neben der »Dradag«, der »Drahtlosen Dienst AG für Buch und Presse« – den Sendebetrieb aufnahm. Mit dem Schlachtruf »Kultur durch Technik« drang der Rundfunk in die angestammten Domänen des gedruckten Buches, der Theaterbühne und der Kinematographie ein und veränderte in relativ kurzer Zeit die Art und Weise, wie das Publikum Spitzenereignisse aus Politik, Kultur und Sport mitverfolgen und miterleben konnte.

Viel passierte zudem auf dem Gebiet der Verkehrstechnik. Das Automobil profitierte im Laufe der 1920er Jahre gehörig davon, dass die Unternehmen der Rüstungsproduktion nach dem Krieg komplett auf zivile Produktion umstellen mussten; statt Waffen und Munition wurden nun Karosseriebleche und Motoren hergestellt. Zu einem der kommerziell erfolgreichsten Autos entwickelte sich der Opel 4 PS »Laubfrosch«, der zwischen 1914 und 1931 in 120 000-facher Ausfertigung in den Handel ging. Eine ähnliche Erfolgsgeschichte schrieb der 10 PS starke Hanomag-Kleinwagen, der Geschwindigkeiten um die 60 km/h erreichte und aufgrund seiner rundlichen, gedrungenen Karosserie als »Kommissbrot« bezeichnet wurde. International dominierte aber ein anderer Wagen: Das berühmte Modell T von Ford stellte zeitweise rund die Hälfte aller Automobile weltweit, und am 26. Mai 1927 sah Henry Ford in Michigan das 15-millionste Exemplar seines Verkaufsschlagers vom Band rollen.

Die Infrastruktur zog – zumindest in Deutschland – nur langsam nach: Im Januar 1923 eröffnete die erste Tankstelle der Republik am Raschplatz in Hannover, ein kleiner expressionistischer Rundbau mit der Aufschrift »OLEX Tankstelle«. Vorher hatte man das Benzin für seine Spritztouren tatsächlich noch in der Apotheke oder beim Kolonialwarenhändler kaufen müssen. Eine grandiose Werbung für die Autoindustrie stellte der Motorsport dar, der in den 1920ern boomte. Einige der berühmtesten Rennstrecken Europas wurden damals in Betrieb genommen: 1920 die AVUS in Berlin, 1922 Monza, 1925 Reims und schließlich 1927 der Nürburgring. Ende der 1920er Jahre wurden in den USA bereits Fahrzeuge gebaut, die den Landgeschwindigkeitsrekord bis dicht an die 400-km/h-Marke verschoben.

Das vielleicht spektakulärste verkehrsgeschichtliche Ereignis der 1920er aber war ein anderes: Am 20. und 21. Mai 1927 gelang es Charles Lindbergh, als erster Mensch allein in einem Flugzeug den Atlantik zu überqueren. Seine Maschine *The Spirit of Saint Louis* schaffte die Strecke von New York nach Paris in 33 ½ Stunden. Obwohl Transatlantikflüge schon seit 1919

Der Opel »Laubfrosch« 1924

immer wieder gelungen waren, löste seine Alleinüberquerung des Ozeans ein weltweites Flugfieber aus. Flugzeughersteller und Fluggesellschaften überboten sich mit Innovationen und Angeboten, so dass sich im Laufe der 1930er Jahre schon ein erstaunlich leistungsfähiger Personen- und Frachtverkehr quer über den Atlantik entwickelte. In Berlin wurde der bereits 1923 eröffnete Flughafen Tempelhof, Heimatflughafen der Deutschen Luft Hansa AG, weiter ausgebaut und erreichte bald das höchste Verkehrsaufkommen Europas, noch vor Paris, Amsterdam und London.

Charles Lindbergh blieb übrigens auch in den folgenden Jahren im Rampenlicht, unter anderem wegen einer tragischen Episode: 1932 wurde Lindberghs noch nicht zwei Jahre alter Sohn Charles entführt und – trotz einer Lösegeldzahlung von 50 000 Dollar – umgebracht. Ein deutscher Emigrant, dessen Schuld bis heute nicht zweifelsfrei erwiesen ist, wurde für das Delikt zum Tode verurteilt; Agatha Christie verarbeitete diesen Fall kurze Zeit später in ihrem berühmten Krimi *Mord im Orient-Express* (1934).

Mehr als nur Bauhaus

In den 1920er Jahren entwickelten nicht nur PolitikerInnen oder SozialreformerInnen prägnante Vorstellungen, wie die Gesellschaft nach dem Krieg organisiert sein sollte. Auch die Dinge des täglichen Gebrauchs erzählen davon. Architektur, Design und Mode boten unterschiedliche Antworten auf die Frage nach dem guten und richtigen Leben, nach dem gesellschaftlichen Fortschritt, nach der Ordnung der Geschlechter und der Familie. Sie lieferten die Bilder vom modernen Leben, mit denen sich die 1920er Jahre vom historischen Ballast der Vorkriegszeit zu lösen versuchten. Gleichzeitig schrieben sie die Idee des »neuen Menschen« in das Alltagsleben ein: Sowohl Architektur als auch Kleidung sind nicht nur funktionale Umhüllungen des Menschen, sondern bestimmen seine Bewegungen, Selbstbilder und sozialen Beziehungen mit. Gerade die Architektur der 1920er zeigt in ihrer Experimentierfreudigkeit, dass mit den Strukturen des Gebauten immer auch Zukunftsideen auf dem Spiel stehen. Sie stellt für alle sichtbar die Frage in den Raum: »Wie wollen wir leben?«

Zunächst aber war die Architektur vor allem Problembewältigung. Es ist bezeichnend: Eines der ersten öffentlichen Gebäude, die nach 1918 in Deutschland geplant wurden, war der strenge, mächtige Bau der Reichsschuldenverwaltung in Berlin-Kreuzberg. Diese Institution verwaltete den allgemeinen Mangel, sie hatte die Reparationszahlungen und Staatsschulden abzuwickeln, die der Republik durch Weltkrieg und Versailler Vertrag entstanden waren. Auch in Bezug auf den Wohnungsbau war die Situation kritisch: Nachdem die Bauwirtschaft in der Kriegszeit fast zum Erliegen gekommen war, fehlten in den Städten Hunderttausende Wohnungen, vor allem Kleinwohnungen. Es entstanden Behelfssiedlungen, von den Stadtbauämtern auf Basis der gerade verfügbaren Materialien improvisiert, Baracken oder einfachste Selbsthilfebauten aus Hohlsteinen, Sperrholz und Dachpappe. Kasernen wurden zu notdürftigen Wohnkomplexen umfunktioniert. »Im ganzen Land ist ein ungeheurer Mangel an Obdach«, schrieb Walter Gropius 1920. Er empfahl Holz als den Baustoff, der »dem primitiven Anfangszustand unseres neu sich aufbauenden Lebens« entspricht.

Sehr bald meldeten sich die prominenten Architekten der Republik mit ersten programmatischen Standortbestimmungen zu Wort – neben Gropius etwa Bruno Taut und Mies van der Rohe, aber auch Hans Poelzig und Heinrich Tessenow. Das Weimarer Bauhaus publizierte in seinem Gründungsmanifest seine Vorstellungen zur neuen Architektur, ebenso wie der Berliner Arbeitsrat für Kunst. Schon in diesen Programmen zeichnete sich eine Polarisierung ab, die die Architekturdebatten im Verlauf der 1920er Jahre bestimmen sollte: der Gegensatz zwischen den Vertretern der klassischen Moderne und des »Neuen Bauens« einerseits und den Vertretern eines konservativ-traditionalistischen Bauens andererseits. Beide Richtungen konkurrierten miteinander um öffentliche Aufmerksamkeit und konkrete Bauaufträge; dabei waren ihre Leitvorstellungen von sozialer Ordnung höchst unterschiedlich. Während die Wohnanlagen der klassischen Moderne mit ihren weißen, kubischen oder geschwungenen Baumassen urbanes Wohnen repräsentierten und eine kosmopolitische Atmosphäre ausstrahlten, bauten die konservativen Architekten wie Paul Schultze-Naumburg, Paul Schmitthenner oder Paul Bonatz vorzugsweise Einfamilien- und Reihenhäuser für die traditionelle Kernfamilie. Einen Mittelweg beschritten etwa in München Theodor Fischer und German Bestelmeyer, die moderne und konservative Ästhetik miteinander verbanden.

Zur internationalen Lichtgestalt des »Neuen Bauens« wurde zweifellos der französische Architekt Le Corbusier, der schon 1920 mit Häusern für die Serienfertigung experimentiert hatte und dann vor allem mit seinen Ideen der *unité d'habitation*, einer modulartig erweiterbaren Wohneinheit, und der vertikalen Stadt bekannt wurde. Le Corbusiers Bauten setzten an zwei charakteristischen Problemfeldern der 1920er Jahre an: Sie sollten funktionale und platzsparende Architektur für die urbane Massengesellschaft schaffen und Freizeitaktivitäten in das Wohnen integrieren. Im Grunde gab es bis dato keinen Wohnbau für die Mittel- und Unterschichten, der für solche Zwecke Raum gelassen hätte; in Le Corbusiers »Wohnmaschinen« waren nun Dachterrassen als Freizeit- und Erholungsorte fest eingeplant.

Gemeinschafts- und Freizeiteinrichtungen gab es auch in den anspruchsvolleren Siedlungsbauten der Weimarer Republik oder im »Roten Wien«, dessen sozialdemokratische Stadtregierung 1919 das umfangreichste soziale Wohnbauprogramm Europas in Gang setzte. Die Wiener Gemeindebauten der 1920er Jahre – darunter der berühmte Karl-Marx-Hof in Heiligenstadt – hatten mit der Avantgarde des »Neuen Bauens« stilistisch kaum etwas zu tun, sondern folgten einem eigenen Weg zwischen Traditionalismus und Moderne. Im Zuschnitt der Höfe und der Wohnungen waren sie auf die Lösung der virulenten Kleinwohnungsfrage ausgerichtet. So versorgten sie zahllose Wiener Arbeiterfamilien mit dem dringend benötigten Wohnraum und einem soliden Grundstandard. Auch im europäischen Vergleich ist das eine beträchtliche Leistung.

Während Le Corbusier oder die Architekten des »Roten Wien« klare soziale Zielsetzungen verfolgten, war der neben Gropius wohl bekannteste deutsche Vertreter des Neuen Bauens, Mies van der Rohe, vor allem ein Architekt für reiche Privatleute. Die Einfachheit wurde bei ihm zur neuen Ästhetik der oberen Zehntausend. »So einfach wie möglich, egal, was es kostet«, spottete der Kollege Poelzig über die Bauherren, die Mies van der Rohe mit seinen großzügig verglasten Flachdach-Villen versorgte. Auch Gropius baute in Dessau nicht für Arbeiterfamilien, sondern für AkademikerInnen mit gut dotierten Posten – die neue Architektur blieb tendenziell ein Angebot für die gehobene Mittelschicht. In der Küche ließen sich dabei neue Konzepte rationalisierter Lebensführung besichtigen: Für den relativ moderaten Preis von 238,50 Mark konnte man 1926 die von Margarete Schütte-Lihotzky entwickelte »Frankfurter Küche« fertig eingebaut erwerben, die das Familienleben in doppelter Weise beeinflusste: Durch ihre Übersichtlichkeit, Funktionalität und Ausstattung mit technischen Geräten erleichterte sie zwar die tägliche Arbeit in der Küche, als knapp bemessener Ein-Personen-Arbeitsplatz fixierte sie aber auch die Rolle der bürgerlichen Hausfrau, die nun im Hintergrund »zaubern« musste, um Ehemann, Familie und Gäste diskret zu versorgen.

1927 leitete Mies van der Rohe für eine Ausstellung des Deutschen Werkbunds den Bau der Weißenhofsiedlung in Stuttgart, die mit ihren Zeilenbauten und radikal schlicht konzipierten Wohnhäusern zum wichtigen Referenzpunkt des Neuen Bauens in der Weimarer Republik wurde. Das Hauptplakat der Ausstellung formuliert die große Frage der Zeit aus Sicht der Baubranche: »Wie wohnen?« Die konservative Architekturszene gab darauf natürlich ganz andere Antworten als die Weißenhofsiedlung. Als 1928 im Berliner Südwesten die Siedlungen Fischtalgrund und Onkel Toms Hütte in unmittelbarer Nachbarschaft zueinander errichtet wurden, entluden sich die Differenzen im »Zehlendorfer Dächerkrieg«. Die Traditionalisten bauten im Fischtalgrund Reihenhäuser mit Sattel- oder Walmdächern und schwärmten von Goethes Gartenhaus in Weimar als Beispiel einer bewährten »nationalen« Bauweise, während Bruno Taut unweit davon weiße Siedlungseinheiten mit Flachdächern entstehen ließ. Sechs andere Berliner Siedlungen der klassischen Moderne – die Gartenstadt Falkenberg, die Siedlung Schillerpark, die Hufeisensiedlung in Berlin-Britz, die Wohnstadt Carl Legien, die Siedlung Siemensstadt und die Weiße Stadt in Reinickendorf – sind 2008 zum UNESCO-Weltkulturerbe ernannt worden – eine späte, aber deutliche Nobilitierung des Neuen Bauens, das die Erinnerung an die konservativen Stränge der Architektur der 1920er Jahre längst verdrängt hat.

Abseits des Bauhauses suchten viele weitere Architekten eigene Wege in eine vielgestaltige Moderne, wobei sie an verschiedensten Stadt- und Raum-Experimenten arbeiteten. Hans Poelzig trumpfte schon 1918/19 mit seinem expressionistischen Großen Schauspielhaus in Berlin auf, Erich Mendelssohn prägte die urbane Oberfläche mit seinen sachlich-elegan-

Die Weißenhofsiedlung in Stuttgart auf einer zeitgenössischen Postkarte

ten Fassadenlösungen, Rudolf Schwarz baute radikal sachliche Kirchen, Ludwig Hilberseimer entwarf gigantische Umbaupläne für die Reichshauptstadt, die an die Plattenbaugebiete der Nachkriegszeit erinnern. Im Ruhrgebiet feierten Fritz Schupp und Martin Kremmer auf Zeche Zollverein XII die Schönheit der rationalen Betriebsorganisation; vielerorts entstanden die ersten Hochhäuser, wobei die ehrgeizigsten Pläne oft nicht über die Papierform hinauskamen. In allen Entwürfen aber drückt sich ein ungeheurer Gestaltungsdrang aus, der sich auch in der Warenästhetik jener Jahre wiederfinden lässt.

Für das Bauhaus erfand Marcel Breuer 1925 ein Designprodukt, das so einfach wie genial ist: einen Sessel aus gebogenen Stahlrohrelementen, die mit Textilbahnen verspannt sind. Einfacher und prägnanter ist ein Sessel kaum zu haben. Form und Funktion gehen phantastisch ineinander über, die industrielle Fertigung ist problemlos möglich. Dass der verchromte oder vernickelte Stahl unmittelbar körpernah eingesetzt wurde, war ein Novum im Möbeldesign und folgte dem Prinzip, das technische Material nicht mehr zu verstecken, sondern offen zu zeigen. Schon für die Zeitgenossen drückte dieser Sessel das Lebensgefühl der Zeit aus wie kaum ein anderer Gegenstand. So heißt es 1930 in Albert Sigrists *Buch des Bauens*: »Man kann vielleicht sagen, daß auf diesem Stuhl nur ein Mensch sich wohl fühlen wird, dem die ständige leichte Anspannung modernen Lebens, das Gefühl des Federns und der Schnellkraft noch im Ruhezustand zur Existenzbedingung, zum unentbehrlichen Bestandteil seines Lebensgefühls geworden ist.« Das Bauhaus entwickelte darüber hinaus weitere Stahlrohrmöbel, die teils bis heute populär sind: Stühle, Hocker und Tischchen von kühler Eleganz und herbem Understatement. Solche Gebrauchsgegenstände feierten die Standardisierung als Fortschritt, oder, wie der Kulturwissenschaftler Helmut Lethen schreibt: »An die Stelle des Schreckens vor der Standardisierung tritt die Entdeckung der Schönheit des industriellen Serienprodukts.«

Diese Schönheit wurde nun in einer ganz anderen Sprache beschworen als noch im Kaiserreich. 1928 erschien eine Werbeanzeige für den neuen Chrysler 65, in der es hieß: »Wie schön er aussieht, der Chrysler 65, wenn er vorübergleitet. Neuer schlanker Kühler. Niedrige, harmonisch geschwungene Linien der Karosserie und Kotflügel – von vollkommener, faszinierender Schönheit. Ein neues Schönheitsideal für Automobile! Ist das nicht gerade der Wagen für Sie? Und für mich?« Überhaupt waren die 1920er Jahre eine Hochzeit der Reklame. Litfaßsäulen und Schaufensterdekorationen, »Luftbuchstaben« und Lichtinstallationen sowie aus Flugzeugen abgeworfene Prospekte machten Werbung für Industrieprodukte, Kinofilme, Veranstaltungen und politische Parteien. 1929 fand in Berlin die »Weltreklameschau« statt; der Architekt und Kunstpolitiker Adolf Behne erhob die Reklame aus diesem Anlass kurzerhand zur neuen Massenkunst:

> Die schönste Kunstausstellung Berlins ist auch die billigste. Sie ist umsonst geöffnet – Tag und Nacht: Schaufenster und Giebelfronten der großen Kaufstraßen. [...] Soziologisch gesehen erfüllt das moderne Schaufenster eine wichtige Funktion: es holt die Masse auf ein neues Kunstniveau hinan [...]. Die Straße schafft – ein gewaltiges Kollektiv – den neuen Typ Mensch.

Man muss nicht so weit gehen wie Behne, um zu sehen, dass die große Zeit der Konsumkritik gegen Ende der 1920er Jahre vorbei war. In Form der industriellen Warenwelt hatte sich der Kapitalismus durchgesetzt: »Chicago« hatte gegen »Moskau« gewonnen, zumindest vorläufig. Hatte es im Kaiserreich noch erbitterte Debatten um aufreizende Warenpräsentationen im Schaufenster gegeben, repräsentierte das Schaufenster nun ambitionierte Gestaltung und ein »neues Kunstniveau«. Die Kulturindustrie wurde vollends salonfähig; mit der von den Bauhaus-Mitgliedern Herbert Bayer und László Moholy-Nagy herausgegebenen Zeitschrift *die neue linie* erhielt die Weimarer Republik ab 1929 sogar ein Lifestyle-Magazin.

Wer in die Konsumwelten der 1920er Jahre eintauchen möchte, kann das heute mühelos tun. Auf der Webseite der Österreichischen Nationalbibliothek kann man in verschiedenen Jahrgängen der Fachzeitschrift *Seidels Reklame* blättern, des führenden Fachblatts für »Werbewesen und Verkaufstechnik« – was nicht nur ein ästhetisches Vergnügen ist, sondern auch einen wunderbaren Einblick in die ökonomischen Verhältnisse und das Pressewesen jener Zeit vermittelt. Die Warenwelt der Weimarer Republik kann man außerdem in den 1926 und 1931 erschienenen Hauptkatalogen des Versandhauses August Stukenbrok in Einbeck bewundern, die in den 1980er Jahren neu aufgelegt wurden und antiquarisch leicht erhältlich sind. Daraus lernt man beispielsweise, dass das Spielzeug bereits damals Geräusche machen, leuchten und blinken konnte. Äffchen und Enten fiepen, quaken und nicken mit dem Kopf, wenn man sie drückt oder schüttelt, ein Leuchtturm ist mit drehendem Blinklicht ausgestattet. 1931 bietet Stukenbrok ein »Automobilspiel« mit Eigenleben an: »Von Zeit zu Zeit erhebt der Verkehrsschutzmann selbsttätig den Arm, worauf das fahrende Auto sofort stehen bleibt.« Zahlreiche Betriebsmodelle versetzen die industrielle Arbeitswelt ins bürgerliche Spielzimmer, wobei der Fordismus schon damals nostalgisch zurückblickt: auf Windmühlen, Dampfmaschinen oder Lokomobile.

Andererseits wirkt das Design der Warenwelt Ende der 1920er aus heutiger Sicht seltsam aktuell. Die fast 90 Jahre alten Stukenbrok-Kataloge erinnern streckenweise an gehobene Warenhäuser der Gegenwart wie Manufactum: solides Werkzeug, schöne Gegenstände, kein Plastik, sondern viel Holz, Leder, Stoff und Metall. Der Wanderbeutel ist aus »starkem Jagdleinen«, die Isolierflasche kommt mit einem Porzellanbecher daher. Erlesene oder ausgefallene Dinge wie Schuhpflegesets oder Schweizer Lawinenspaten finden sich heute eins zu eins bei Manufactum. Sieht man sich die Gestaltung der Tisch- und Zimmerlampen oder der Uhren im Stukenbrok-Katalog an, so fällt auf, dass das alte Jugendstil-Design der Jahrhundertwende ebenso vertreten ist wie Art-Déco-Gegenstände und schlankere, sachlichere Formen, die den Übergang zu den 1930er Jahren markieren. Doch auch die Gewaltgeschichte der 1920er spiegelt sich im Angebot: Von der Betäubungspistole »Perplex« über das Knaben-Repetier-Luftgewehr »Tell« bis zur Zentralfeuer-Doppelflinte für stolze 69 Mark gibt es alle möglichen harmlosen und scharfen Waffen relativ einfach zu kaufen. Interessant ist nebenbei, dass sich das damalige Versandhausangebot keineswegs nur an eine städtische Kundschaft richtet. So kann man unter der Warennummer 121517 eine »Kuhkette mit Patent-Kettengliedern« bestellen, ebenso gibt es Pferde- und Schafscheren, Jauchetrichter, Maulwurfsfallen und Sensen zu kaufen. Man wird ganz nebenbei daran erinnert, dass die Gesellschaft der 1920er Jahre noch stark landwirtschaftlich geprägt war: Mitte und Ende der 1920er Jahre lag der Anteil der Erwerbstätigen in der Land- und Forstwirtschaft noch bei rund 30 Prozent.

Massenkultur und Unterhaltung

Denkt man an die 1920er, denkt man schnell auch an Jazz und Swing. Das ist zwar richtig, aber auch ein bisschen falsch: Denn die entscheidenden Entwicklungsschritte des Jazz in den USA fallen in die Zeit vor 1914. Und die Swingära, in der aus dem frühen Jazz eine eingängige, kommerzielle Tanzmusik entsteht, beginnt eigentlich erst in den späten 1920er Jahren. Der wohl bekannteste Protagonist des Swing, der Klarinettist Benny Goodman, war 1920 erst elf Jahre alt, und als er dann mit dem Titel *He's not Worth Your Tears* seinen ersten Charterfolg landen konnte, waren die 1920er schon vorbei. In Bezug auf Deutschland kann man die 1920er Jahre noch viel weniger als Jazz- oder Swingära bezeichnen: Was damals unter dem Namen »Jazz« gespielt wurde, war eher haarsträubend. Zwar hatte Bernhard Sekles schon 1928 die erste Jazzklasse an einem deutschen Konservatorium eingerichtet – nämlich in Frankfurt am Main –, doch die berühmten Swingformationen Berlins und Hamburgs entstanden erst später, im Laufe der 1930er Jahre.

Einer der ersten US-amerikanischen Musiker, die die neue synkopierte Musik nach Europa brachten, war der schwarze Militärkapellmeister James Reese Europe. Bei einer Parade der

Siegermächte in Paris 1918 erregte seine Band großes Aufsehen. Will Marion Cook spielte 1919 mit seinem Southern Syncopated Orchestra in London, 1919–21 spielte in England auch die Original Dixieland Jazz Band. Diesen Jazz kannte man in Deutschland zunächst weniger vom Hören als vielmehr vom Hörensagen. Nur die wenigsten hatten Gelegenheit gehabt, in Chicago, New York oder London eine US-amerikanische Jazzformation zu erleben – was man unter »Jazz« verstand, war also mehr als dilettantisch. Der Maler George Grosz erinnert sich rückblickend an seine erste Begegnung mit »Jazzmusik« Mitte der 1920er Jahre: »Im Café Oranienburger Tor hörte ich zum ersten Mal so etwas wie eine Jazzkapelle. Man nannte es damals Radaukapelle. Es war auch keine Jazzkapelle im heutigen Sinn, eher eine Wiener Salonkapelle, die plötzlich verrückt geworden war.«

Kapellen dieser Art machten mit Sägen, Kuhglocken, Topfdeckeln und Platzpatronenpistolen einen Mordslärm und lieferten groteske Showeinlagen, bei denen Instrumente zertrümmert wurden. Dieser »Yazz« oder »Jass« war nicht einmal eine Kopie amerikanischer Vorbilder, sondern spiegelte eher vage Vermutungen der Interpreten. Die Deutschen, so Kurt Tucholsky, wollten sich damals so fühlen, wie sie sich die Amerikaner vorstellten. Das Grundprinzip war ein lautes Schlagzeug, das den Rhythmus vorgab und die teils bizarren Bewegungen auf der Bühne antrieb. Erst Mitte der 1920er Jahre machte man in Berlin Bekanntschaft mit realen Jazzbands aus den Staaten.

So oder so: Es wurde getanzt wie noch nie, auf der Bühne und im Parkett. Foxtrott, Onestep, Shimmy, Charleston brachen mit allen Konventionen des Gesellschaftstanzes. Klaus Mann protokolliert: »Man tanzt in antiken Gewändern, gotischen Rüstungen und mit entblößtem Bauch; man tanzt à la Isadora Duncan, à la Nijinsky, à la Charlie Chaplin; man imitiert Indianer, Kongoneger, Südseeinsulaner und die gemarterte Pantomime eingekerkerter Tiere im Zoologischen Garten.« Zwischen 1918 und 1925 entstanden in Großbritannien 11 000 neue Tanzsäle und Nachtclubs; in Deutschland gab es 1925 30 000 Tanzkapellen. Mit über zwanzig Tanztruppen gleichzeitig zogen die Tiller-Girls durch Europa und warfen synchron die Beine in die Luft, was einige Beobachter an die fordistische Fließbandproduktion erinnerte.

Die alten, kaiserzeitlichen Weiblichkeitsideale wurden durch neue, spielerische und von Freizügigkeit bestimmte Klischees herausgefordert. Die amerikanische Tänzerin Josephine Baker, die ab Mitte der 1920er Jahre auch in Berlin auftrat, ging mit ihren virtuosen Performances im Bananenröckchen besonders weit. Überall verlangten die Bühnenshows nach Musik. Die Tanzorchester der gehobenen Varietés spielten dazu ihre Mischung aus Salonmusik und synkopierten Rhythmen, wie man sie für den Soundtrack von *Babylon Berlin* nachgeahmt hat. Übrigens nicht immer authentisch: An vielen Stellen imitiert die Musik der Fernsehserie zwar die Klangästhetik der 1920er – aber ein Stück wie den Titelsong *Zu Asche, zu Staub* hätte es damals natürlich nicht geben können.

Die zaghaften Anfänge des Jazz waren das eine, der musikalische Mainstream das andere. Nachzulesen ist das im Schallplattenkatalog des erwähnten Versandhauses Stukenbrok: Klassische Musik und Jazz sind so gut wie nicht vertreten, Walzer-Potpourris, Märsche und »Herrengesänge« halten sich mit den sentimentalen Schmachtfetzen der Tanzorchester die Waage. 1931 stehen »Adieu, mein kleiner Gardeoffizier«, »Zwei rote Lippen und ein roter Tarragona« und »Ich bin von Kopf bis Fuß auf Liebe eingestellt« neben Titeln wie »An der Waterkant steht ein Fischerhaus« und »Ich hab dich lieb, weil du ein deutsches Mädchen bist«. Passend zur damaligen Zeit ist das »Lied der Arbeitslosen«, auch bekannt als »Stempellied«, im Programm, ergänzt durch eine Reihe von »humoristischen Aufnahmen« wie »Balduin Deibchen als Volksredner« oder »Der lachende Nigger«. Der letztere Unterhaltungstitel zeigt: Die wenigen Afroamerikaner, die mit den ersten US-Jazzbands nach Deutschland gekommen waren, konnten das vorherrschende rassistische Klischee von den exotischen Spaßmachern noch nicht ausräumen – und die progressive Josephine Baker ebenso wenig. Dazu passte der »schreiende Neger« aus dem Stukenbrok-Scherzartikelsortiment, der bei Druck auf eine kleine Gummipumpe die Augen verdrehen und die Zunge herausstrecken konnte. Es schien, als sei die Kolonialzeit nie zu Ende gegangen.

Drei technische Innovationen der 1920er Jahre haben die Populärkultur revolutioniert. Erstens ging wie erwähnt 1923 erstmals in Deutschland der Rundfunk auf Sendung. Zweitens wurden ab 1925 neue elektrische Aufnahmeverfahren entwickelt, die die Schallplatten sehr viel erschwinglicher machten und gleichzeitig die Klangqualität entscheidend verbesserten; mit dem Ende der alten mechanischen Verfahren nahm die Schallplattenindustrie entscheidend Fahrt auf. Und drittens etablierte sich ab 1927 der Tonfilm, der seinerseits ein neues Genre produzierte: den Tonfilmschlager, der dann wieder auf Schallplatten gekauft werden konnte.

Im Zuge dieser drei Neuerungen emanzipierte sich die populäre Musik allmählich von der Bühne, dem Varieté und überhaupt vom öffentlichen Raum. Musik wurde nun erstmals

Sieben Songs der 1920er

- »**The St. Louis Blues**« wurde ab 1925 in der unverwechselbaren Interpretation von Bessie Smith und Louis Armstrong bekannt. Der Bluespionier W. C. Handy hatte das Stück bereits Jahre zuvor geschrieben.
- »**Swanee**« wurde 1919 von dem Komponisten George Gershwin und dem Texter Irving Caesar geschrieben. Für Gershwin war er der erste und zugleich der kommerziell erfolgreichste Hit überhaupt. Schätzungsweise verkauften sich die Noten seither 1 Million, die Schallplatte mit Al Jolson 2 Millionen Mal.
- »**Dein ist mein ganzes Herz**« sang der österreichische Tenor Richard Tauber in den 1920er Jahren – und wurde damit über Nacht weltberühmt. Die Melodie stammt von Franz Léhar, der es 1929 in seine Operette *Das Land des Lächelns* übernahm.

in den eigenen vier Wänden konsumierbar. Mit Hilfe von Rundfunk und Schallplatte wurde es möglich, sich zu Hause ein Musikprogramm zusammenzustellen und Verrichtungen des Alltags mit einem eigenen Soundtrack zu unterlegen. »Wenn ich im Wohnzimmer Staub wische, so drehe ich oft unser Grammophon auf«, berichtete 1930 eine Berliner Verkäuferin. »Man geht mit viel mehr Freude an diese Arbeit.« Vorher hatte es das so nicht gegeben – und schon bald konnten die Deutschen mit tragbaren Radios und Koffer-Grammophonen auch beim Picknick oder beim Segeln ihre selbst zusammengestellte Musik hören.

- **»Die Moritat von Mackie Messer«.** Der Evergreen aus Bertolt Brechts *Dreigroschenoper* von 1928, vertont von Kurt Weill. Als »Mack the Knife« ging das Lied um die Welt.
- **»Mon Homme«.** Die französische Sängerin Mistinguett brachte den Titel ab 1920 in der Revue »Paris qui Jazz« zu großer Popularität. Es steht für den Stil des Pariser Chansons, wie ihn später Edith Piaf und Juliette Gréco perfektionierten.
- **»Ich bin von Kopf bis Fuß auf Liebe eingestellt«.** Der Tonfilm war gerade etabliert, da war Marlene Dietrich mit dieser lasziven Nummer aus dem Film *Der blaue Engel* in den Kinos zu hören. Mondäne Erotik aus dem Jahr 1930.
- **»Veronika, der Lenz ist da«.** Vielleicht die bekannteste Nummer der »Comedian Harmonists«, die Nonsens-Komik mit erotischen Anspielungen verbindet.

Wir können heute auf so viele historische Tondokumente zurückgreifen wie noch nie. Das ermöglicht uns, die Klangsignatur der Geschichte zu erfassen, was überraschende Erkenntnisse zutage fördern kann. Machen Sie einmal die Probe und vergleichen Sie auf YouTube Musikaufnahmen von 1919 oder 1920 mit solchen von 1929 oder 1930. Sie werden nicht nur einen enormen musikalischen, sondern auch einen enormen aufnahmetechnischen Unterschied feststellen. Innerhalb dieser zehn Jahre hat sich der Klang konservierter Musik entscheidend verändert: Er ist viel präsenter, plastischer, detailreicher geworden. Auch das ist der technischen Entwicklung zu verdanken: Im Zusammenhang mit Radio und Schallplatte machte die Mikrofontechnik im Laufe der 1920er Jahre einen gewaltigen Sprung nach vorne – mit immensen Folgen etwa für die Stilistik des Gesangs.

Da die Sänger mit Bühnenausbildung für die immer empfindlicher werdenden Mikrofone meistens zu laut waren, entstand eine extra auf die neue Technik abgestimmte, unangestrengte Art des Singens: das *crooning*. Die frühen US-amerikanischen *crooners* der ausgehenden 1920er Jahre wie Rudy Vallée oder Bing Crosby nutzten die Sensibilität des Mikrofons, um eine warme, intime Atmosphäre zu erzeugen. Liebeslieder wurden nun nicht mehr geschmettert, sondern gehaucht – mit enormen Folgen nicht nur für die Entwicklung von Musik- und Filmgenres, sondern auch die dazugehörigen Vorstellungen von Männlichkeit und romantischer Liebe à la Hollywood.

Mit alledem hängt eine weitere Entwicklung zusammen: Rundfunk, Schallplatte und Tonfilm produzierten nun erstmals regelrechte Stars. Viele Musiknummern vor dem Ersten Weltkrieg waren unabhängig von ihren Sängerinnen und Sängern populär gewesen, doch nun waren Song und InterpretIn nicht mehr zu trennen. »Ich küsse Ihre Hand, Madame« hatte man nur mit der Stimme Richard Taubers im Ohr, »Ich bin von Kopf bis Fuß auf Liebe eingestellt« hörte man nur von der Dietrich, und »Puttin' in the Ritz« war nur mit dem Gesang und den Tanzschritten Fred Astaires vorstellbar. Mit der Musik wurden nun auch die Interpreten vermarktet, deren Popularität ins Unermessliche stieg. Dabei wurden SängerInnen fast immer auch als SchauspielerInnen eingesetzt – und umgekehrt traten Leinwandstars fast immer auch mit Schlagern auf. Selbst mittelmäßige oder zumindest eigenwillige Sänger wie Willy

Fritsch, Hans Albers oder Heinz Rühmann mussten ans Mikrofon. So entstand ein Starsystem, mit dem sich Kino, Rundfunk und Musikindustrie gegenseitig antrieben. Und auch der erste Weltstar des Zeichentrickfilms eroberte 1928 die Leinwand mit einer Tonspur: Schon in seinem ersten öffentlich gezeigten Film *Steamboat Willie* war Micky Maus pfeifend und musizierend zu hören.

Im Zuge dieser Entwicklung wird der alberne Gassenhauer allmählich vom sentimentalen Tonfilmschlager abgelöst. Lange existieren aber beide auch nebeneinander. Die Nonsens-Schlager der 1920er wie »Mein Papagei frisst keine harten Eier« oder »Wer hat bloß den Käse zum Bahnhof gerollt?« stehen dabei noch in der Tradition der älteren Straßensänger und Couplets. Gleichzeitig reflektieren sie aber auch den zeitspezifischen Bedarf an Unsinn, Verrücktheit und Frivolität. Erstaunlich innovativ und witzig war damals auch die Operette, die in den 1920ern einen Höhepunkt ihres »silbernen Zeitalters« erlebte. Bühnenreißer wie Emmerich Kálmáns *Bajadere* (1921), Eduard Künnekes *Der Vetter aus Dingsda* (1921), Leo Falls *Madame Pompadour* (1922) oder Paul Abrahams *Blume von Hawaii* (1931) boten erstklassige Unterhaltung. Anklänge von Broadway, Jazz oder Tango verliehen der Operette internationales Flair und verdrängten den sentimentalen Wiener Walzer.

Berlin und Wien waren unbestritten die Zentren der Operette; zwischen Bühne, Schallplatte und Tonfilm gab es dabei einen regen Austausch, von dem alle Seiten profitierten; die Operette blieb einer der wichtigsten Schlagerlieferanten der 1920er. Viele populäre Operettenkomponisten wurden nach 1933 als jüdische Musiker schikaniert und zur Emigration gezwungen – neben Kálmán und Abraham auch Künstler wie

Ralph Benatzky oder Edmund Eysler, der sich während des Krieges in Wien versteckt hielt und dort überlebte. Nach vielen Jahrzehnten des Dornröschenschlafs in der Theaterprovinz werden Operetten neuerdings wieder verstärkt auf die Spielpläne gesetzt – darunter insbesondere die originellen Stücke der 1920er.

Noch mehr als Operette, Schlager und Cabaret prägt das Weimarer Kino das heutige Bild von den 1920er Jahren. Wir können im Wesentlichen drei Entwicklungslinien unterscheiden. Erstens erscheinen kurz nach dem Krieg mehrere phantastisch-expressionistische Filme, die uns mit ihrer statuarischen Gestik und ihren Horrorszenen noch immer faszinieren, darunter *Das Cabinet des Dr. Caligari* (1920), *Nosferatu – Eine Symphonie des Grauens* (1922), *Dr. Mabuse, der Spieler* (1922) und *Orlacs Hände* (1924). Zweitens entwickelt sich um die Mitte der 1920er das Genre des mehr oder weniger realistischen Sozialdramas – Beispiele dafür sind *Die Straße* (1923), *Der letzte Mann* (1924) oder *Die freudlose Gasse* (1925). Der wahrscheinlich berühmteste Film der Weimarer Republik, Fritz Langs *Metropolis* (1927), steht zwischen beiden Stilrichtungen. Der Film spielt auf zwei Ebenen: Unter der Erde schuftet das Proletariat in einem riesigen, dystopischen Maschinenraum, während sich oben die Elite zwischen ihren Wolkenkratzern und in den »ewigen Gärten« vergnügt. *Metropolis,* als monumentale Parabel auf die Klassengesellschaft der 1920er Jahre angelegt, verknüpft Phantastik und Sozialkritik zu einem ziemlich einzigartigen Gesamtkunstwerk. Seit 2001 gehört dieser Film übrigens zum UNESCO-Weltkulturerbe!

Das dritte wichtige Genre schließlich ist der Unterhaltungsfilm – mit einer großen Bandbreite an Themen und Plots. Darunter natürlich zahllose Streifen, die in der offiziellen

Filmgeschichte eher nicht als bedeutende Filme genannt werden: *Die rote Maus* (1925), *Ariadne in Hoppegarten* (1928) oder *Pension Schöller* (1930). Ausländische Filme – von *Ben Hur* (1925) und *Panzerkreuzer Potemkin* (1925) bis zum ersten Tonfilm *The Jazz Singer* (1927) – bereicherten das Angebot; Charlie Chaplin und Greta Garbo waren auch in Deutschland Stars. Überhaupt war die Filmbranche von Beginn an international bestens vernetzt. Das Jahr 1930 brachte in Deutschland die endgültige Umstellung der Produktion auf den Tonfilm. Titel wie *Die drei von der Tankstelle* (1930), *Der blaue Engel* (1930) oder *Der Kongress tanzt* (1931) stehen für die neue Generation gehobener Unterhaltung – und die neue Generation von Schauspielstars, die dann die 1930er Jahre dominierten: Marlene Dietrich, Hans Albers, Emil Jannings, Heinz Rühmann und viele andere.

Das Filmplakat zu *Metropolis* (1927)

Für einige StummfilmschauspielerInnen allerdings war die Einführung des Tonfilms ein Problem: Manche hatten keine attraktive Sprechstimme oder kamen – wie beispielsweise Pola Negri und Emil Jannings – mit der englischen Sprache nicht zurecht. Als Jannings 1926 nach Hollywood wechselte, hatte er zunächst großen Erfolg und gewann 1929 einen Oscar. Allerdings wurde er danach in internationalen Tonfilmproduktionen wegen seiner mangelnden Sprachkenntnisse nicht mehr eingesetzt und kam bald wieder nach Deutschland zurück.

Die Faszination der expressionistischen Gestik und die Anziehungskraft der frühen Schauspielstars haben dafür gesorgt, dass der Stummfilm niemals ganz aus den Programmkinos verschwunden ist. In gewisser Weise ist er gerade heute wieder populär geworden. Gerade in Berlin haben StummfilmpianistInnen und -organistInnen wie Stephan von Bothmer und Anna Vavilkina ihr festes Publikum, und im legendären Kino Babylon am Rosa-Luxemburg-Platz flimmern die schwarzweißen Schinken heute in Serie über die Leinwand. Sie transportieren viel von der Atmosphäre der 1920er Jahre und ihrer Populärkultur, die von der albernen Lachnummer über die biedere Schmonzette bis zum existenziellen Pathos fast alles im Repertoire hatte.

Das Babylon hat auch eine der wenigen voll erhaltenen Kinoorgeln in Deutschland, die daran erinnern, dass der Stummfilm natürlich alles andere als stumm war. Im Gegenteil: Es war ganz schön laut im frühen Kino. Die Filmvorführungen vor der Tonfilmära waren multimediale Spektakel, in denen sich die gesprochenen Texte der sogenannten Kinoerklärer mit der Begleitmusik der Kinokapellen, der Klavier- und OrgelspielerInnen und dem Geschrei des Publikums mischten. Erst mit dem Tonfilm ab 1927 entstand der Kinoabend, wie wir ihn heute kennen: Die Musik kommt vom Band, die Dialoge sind unveränderlicher Bestandteil des Films, und das Publikum sitzt im Halbdunkel des Kinosaals und schweigt.

Ein Kapitel über die Unterhaltungskultur der 1920er wäre nicht denkbar, ohne ein Hauptvergnügen jener Zeit zu erwähnen: den Sport. Zwar waren sportliche Wettkämpfe schon um 1900 zu einem regelrechten Massenspektakel geworden, die neuen Möglichkeiten der Radioübertragung machten sie aber nochmals populärer. Sportarten wie Boxen, Fußball oder Rudern konnten nun live übertragen werden, und die Stars der Branche wie der Rennfahrer Rudolf Carracciola, die TennisspielerInnen Suzanne Lenglen und Gottfried von Cramm, der Langstreckenläufer Paavo Nurmi, der Boxer Max Schmeling oder Fußballer wie José Andrade, Dixie Dean, Heiner Stuhlfauth und Mathias Sindelar wurden einem breiten Publikum bekannt. Vielleicht könnte man sagen, dass mit den medialen Fortschritten der 1920er Jahre erst der Fan im modernen Sinn entstand.

In Berlin waren neben dem Boxen und dem Fußball insbesondere die Sechstagerennen populär, die im berühmten Sportpalast in Schöneberg veranstaltet wurden. Sechs Tage lang fuhren Zweierteams auf dem Fahrrad rund um die Uhr so viele Kilometer wie möglich; begleitet wurde das Rennen von einem Unterhaltungsprogramm mit Musik, Varieté und kulinarischer Versorgung. Die Dimensionen dieses Spektakels, bei dem Tag und Nacht ineinander verschwammen, sind heute kaum noch vorstellbar. 1926 wurden wegen des großen Publikumsandrangs sogar drei Sechstagerennen innerhalb eines Jahres abgehalten. Für die Fahrer bedeuteten diese Rennen unmenschliche Strapazen, und die Zeitungen waren voll von Berichten über ausgelaugte, halluzinierende oder an den Rand des Wahnsinns getriebene Sportler. Die Leistungen dieser modernen Gladiatoren waren indessen enorm: So fuhren Franz Krupkat und Richard Huschke 1924 in Berlin einen Streckenrekord von 4544 Kilometern und 200 Metern – das entspricht ungefähr einer Radtour von Kopenhagen nach Jerusalem, absolviert in sechs Tagen!

Eine besondere Erwähnung verdient der Frauenfußball der 1920er Jahre. Denn es ist leider wenig bekannt, dass Frauenfußballspiele damals in England eine enorme Publikumsattraktion waren. Zu einem Spiel der berühmten Werkself von Dick, Kerr & Co. in Liverpool kamen 1920 über 50 000 zahlende Zuschauerinnen und Zuschauer. Im Dezember 1921 gab es in England ca. 150 Frauenfußballvereine, bis die englische Football Association (FA) diese Entwicklung stoppte und den Frauenfußball auf ihren Sportplätzen untersagte. Erst 1970 hob die FA das Frauenfußballverbot wieder auf. In Deutschland kam es zu ähnlichen Entwicklungen, wenn auch in viel bescheidenerem Umfang: Auch dort erfreute sich der Frauenfußball in den 1920er Jahren einiger Beliebtheit; die Gründung eines ersten Vereins aber wurde vom DFB ausgebremst, der schließlich im Olympiajahr 1936 offiziell verlauten ließ, dass Fußball mit dem Wesen der Frau unvereinbar sei. Hier wie dort waren es also die Fußballverbände der Männer, die die Entwicklung des Frauenfußballs stoppten. Welche Verluste an kultureller Vielfalt und Freizügigkeit die 1930er Jahre mit sich gebracht haben, lässt sich an diesem Beispiel ganz gut erahnen.

Pathos, Nonsens und Sachlichkeit

Die moderne, spielerische, provokante, abstrakte Kunst, die wir mit den 1920er Jahren verbinden, ist teilweise schon vor 1914 entwickelt worden. Der Konstruktivismus in Russland und den Niederlanden, die Großstadtszenen Ernst Ludwig Kirchners, der einmalige Stil Pablo Picassos, die verzerrten Körper Egon Schieles, die Poetik der Linien und Flächen bei Paul Klee – all das war schon vor dem Ersten Weltkrieg da. Allerdings hat sich die klassische Moderne in der Malerei erst in den 1920er Jahren flächendeckend durchgesetzt. Wer vorne mit dabei sein will, muss immer neue Ideen, neue künstlerische Konzepte entwickeln. Und auf die muss man nach dem Krieg nicht lange warten. Insbesondere drei Stichworte stehen für die neue Zeit in der Kunst: Dadaismus, Surrealismus und Neue Sachlichkeit.

Die Dada-Bewegung entstand bereits 1916 im Umkreis internationaler Wehrdienstflüchtlinge im Cabaret Voltaire in Zürich und etablierte sich dann in verschiedenen Varianten auch in Paris, New York und Berlin. Dada lässt sich als die radikale Ablehnung aller gesellschaftlichen Verhältnisse verstehen, die nach Meinung der Dadaisten entweder zum Weltkrieg geführt oder ihn zumindest nicht verhindert hatten: Es ging gegen Rationalismus und Kapitalismus, aber auch das Pathos der bisherigen Avantgardekunst. Dada war also nicht die Fortsetzung der bisherigen, mehr oder weniger radikalen Kunstexperimente, sondern es stellte den Status von Kunst selbst in Frage. »Uns hat die Welt heute keinen tiefen Sinn als den des unergründlichsten Unsinns, wir wollen nichts von Geist und Kunst wissen«, schrieb Raoul Hausmann im Jahr 1919.

Solche Töne waren wirklich neu. Bewegungen wie der Expressionismus hatten sich gegen die künstlerischen Konventionen des Kaiserreichs gestellt, aber niemals die Kunst selbst zum Unsinn erklärt. »Nieder mit dem deutschen Spießer!«, forderte Hausmann, und damit war nun auch der Kunstspießer gemeint, der sich selbst für radikal hielt. Es gibt ein Bild von Max Ernst aus dem Jahr 1920 mit dem Titel »der hut macht den mann«. Gezeigt werden Gestalten, die nur aus Hüten bestehen, zusammengehalten durch Fluchtlinien und geometrische Formen. Die Pointe ist klar: Es gibt nur Hüte, aber der Mann fehlt. Hinter der bürgerlichen Fassade ist – nichts.

Dada war Satire, die sich auf die Gesellschaft, aber auch auf die Gesellschaftskritik bezog. Die frühen Aufführungen der Dada-Gruppe brachten möglichst absurde Handlungen auf die Bühne, die das Chaos zum Prinzip erhoben. Dabei überschritten die frühen Dadaisten die Grenzen der Künste: Malerei, Skulptur, Literatur, Theater, Happenings – alles ging ineinander über. Eine besonders beliebte Technik war die der Collage, bei der ganz unterschiedliche Versatzstücke, teilweise irgendwelche Schnipsel und Abfälle, aneinandergeklebt und kombiniert wurden. Die hinzugefügten Texte stammen aus Warenhauskatalogen, wissenschaftlichen Werken oder

der Tagespresse. Max Ernst war der Meister dieser Collagen. 1922 übersiedelte er nach Paris und schloss sich der surrealistischen Bewegung um André Breton an. Paris war damals das pulsierendste Kunstzentrum Europas: Sergej Djagilew und Igor Strawinsky traten dort mit den Ballets Russes auf, Ernest Hemingway, Gertrude Stein, F. Scott Fitzgerald und Ezra Pound lernten sich dort kennen. Rund um den Schriftsteller Jean Cocteau und den Komponisten Erik Satie bildete sich die *groupe des six*, die unter anderem mit musikalischen Scherzen und Bühnenspektakeln hervortrat. Heute noch unterhaltsam sind Stücke wie das von mehreren Komponisten, darunter Francis Poulenc und Darius Milhaud, geschriebene Ballett *Les Mariés de la Tour Eiffel* (›Die Jungvermählten vom Eiffelturm‹), in dem sich verschiedenste Reminiszenzen an Tänze und Couplets mit abstrakteren Nummern abwechseln. 1925 veranstaltete Josephine Baker in Paris – im Beisein von Cocteau und Milhaud – ihre *revue nègre* als schrilles Gesamtkunstwerk.

In Berlin ging man teilweise noch radikaler zur Sache. Die Berliner Dada-Fraktion um George Grosz sowie die Brüder John Heartfield und Wieland Herzfelde polemisierte nicht nur mit allen Mitteln gegen das Establishment der Weimarer Republik, sie rief auch den Tod der Kunst aus. George Grosz nannte eine seiner Arbeiten *Missachtung eines Meisterwerks von Botticelli* – eine Missachtung, die darin bestand, dass er eine Reproduktion von Sandro Botticellis *Frühling* (ca. 1480) mit Klebestreifen verunstaltete. Viele seiner Bilder sind bitterböse Karikaturen der Macht und der Mächtigen. Wie die meisten der Berliner Dadaisten war Grosz Mitglied der KPD, der Kommunistischen Partei Deutschlands. John Heartfield wurde vor allem mit seinen politischen Fotomontagen bekannt; er gab zusammen mit Kurt Tucholsky 1929 den auch heute noch witzigen Satireband *Deutschland, Deutschland über alles* heraus, in dem von den Sozialdemokraten bis zu den Nazis alles verspottet wurde, was in Deutschland rechts von der KPD stand. Und das war so ziemlich alles.

Wenn die Bilder von George Grosz auf viele Zeitgenossen schon schockierend wirkten, dann wurde das von Otto Dix noch überboten. Dix malte die Grausamkeiten des Kriegs in allen Farben, zeigte zerschossene und aufgerissene Körper in Schützengräben, Frauenleichen, Kriegsversehrte auf Krücken, zerlumpte und zerstörte Gestalten. Sein 1927/28 entstandenes Triptychon »Großstadt« ist vielleicht so etwas wie das *signature painting* der 1920er Jahre. Darin treffen einige Elemente aufeinander, die man noch heute mit dieser rasanten Zeit verbindet: Die Reichen und Schönen feiern in einer Jazzbar, die Kleidung ist extravagant, es wird Shimmy getanzt. Im Abseits, auf dem linken Flügel, sieht man einen alten Invaliden, der von einer der Lebedamen verspottet wird. Dabei ist *Großstadt* gar kein Berlin-Bild, wie man denken könnte. Das Bild entstand in Dresden, und Dix hat darauf einige bekannte Persönlichkeiten des sächsischen Kulturlebens verewigt, darunter auch den Ministerialdirektor Alfred Schulze, der in der Band das Saxofon spielt.

In der Kultur der 1920er Jahre näherten sich die »ernsten« und die »unterhaltenden« Künste vielfach aneinander an. Künstler experimentierten mit populären Genres, und die populären Genres erhoben einen künstlerischen Anspruch. In klassische Kompositionen wurden Jazz-Elemente integriert, Ernst Krenek brachte Jazzklänge in *Jonny spielt auf* (1927) sogar an die Wiener Staatsoper – und produzierte dort gleich einen handfesten Skandal. Alfred Döblin, Bertolt Brecht und Fried-

Otto Dix' Triptychon *Großstadt*, 1927/28.

rich Wolf schrieben Hörspiele, Frank Wedekind, Erich Kästner und Kurt Tucholsky schrieben Chansons und Texte für das Cabaret. Heinrich Mann las im Karstadt-Kaufhaus aus eigenen Werken, während sein Roman *Professor Unrat* unter dem Titel *Der blaue Engel* mit Marlene Dietrich verfilmt wurde. Die Schriftsteller Ödön von Horváth und Carl Zuckmayer reüssierten mit einer neuen Art von »Volksstücken«, und selbst Komponisten der spätromantischen Richtung öffneten sich für ein breiteres Publikum, indem sie professionell auf Wirkung berechnete Musik schrieben.

Richard Strauss soll behauptet haben, er könne ein Glas Bier so in Musik setzen, dass der Hörer den Unterschied zwischen einem Pilsner und einem Kulmbacher erkennen könne. Der österreichische Komponist Erich Wolfgang Korngold war vor 1914 ein von Gustav Mahler und Strauss gerühmtes Wunderkind, schrieb anspruchsvolle spätromantische Opern und Kammermusik, bearbeitete in den 1920er Jahren Johann-Strauss-Operetten und ging 1934 nach Hollywood, um dort Filmmusik zu machen. Hanns Eisler wiederum kam aus der elitären Kompositionsschule Arnold Schönbergs, engagierte sich nach einem Zusammentreffen mit Brecht ab 1921 in der Arbeiterbewegung, schrieb eingängige Kampflieder für Männerchöre und vertonte Brechts Bühnenstücke. »Populär« schreiben zu können, gehörte mittlerweile zum Repertoire und zum Selbstverständnis vieler Künstler dazu.

Für die Literatur der 1920er gilt Ähnliches. Eine Hauptrichtung der 1920er wird – in Anlehnung an eine Mannheimer Kunstausstellung des Jahres 1925 – als »Neue Sachlichkeit« bezeichnet, deren VertreterInnen sich um eine nüchterne und realistische Abbildung der gesellschaftlichen Wirklichkeit bemühten, oft aus der Perspektive der »kleinen Leute«. So spiegeln die Bücher von Erich Kästner, Gabriele Tergit oder Vicki Baum das alltägliche Großstadtleben, schnoddrig kommentiert und mit Rundfunk- und Zeitungsmeldungen durchsetzt. Romantische Vorstellungen kommen zwar vor, werden aber meistens ironisch gebrochen. Wie in Kästners Roman *Fabian* (1931):

> Die Stadt glich einem Rummelplatz. Die Häuserfronten waren mit buntem Licht beschmiert, und die Sterne am Himmel konnten sich schämen. Ein Flugzeug knatterte über die Dächer. Plötzlich regnete es Aluminiumtaler. Die Passanten blickten hoch, lachten und bückten sich. Fabian dachte flüchtig an jenes Märchen, in dem ein kleines Mädchen sein Hemd hochhebt, um das Kleingeld aufzufangen, das vom Himmel fällt. Dann holte er von der steifen Krempe eines fremden Hutes einen Taler herunter. »Besucht die Exotikbar, Nollendorfplatz 3, Schöne Frauen, Nacktplastiken, Pension Condor im gleichen Hause«, stand darauf. Fabian hatte mit einem Male die Vorstellung, er fliege dort

> oben im Aeroplan und sehe auf sich hinunter, auf den jungen Mann in der Joachimsthaler Straße, im Gewimmel der Menge, im Lichtkreis der Laternen und Schaufenster, im Straßengewirr der fiebrig entzündeten Nacht.

Solche Texte hoben sich wohltuend von dem Pathos der frühen 1920er ab, in denen vielfach noch ein schwerer, expressionistischer Tonfall vorherrschte. Insbesondere im Theater hatte man bald genug von den depressiven Untergangs- und Revolutionsstücken. Als Ende 1925 Zuckmayers *Fröhlicher Weinberg* im Theater am Schiffbauerdamm auf die Bühne kam, atmete der Kritiker der *Frankfurter Zeitung* erleichtert auf: »Mirakel! Mirakel! [...] Man denke: Kein Schreidrama, keine Menschheitspassion, keine Bourgeois-Mörderei, kein Kriegs- und Revolutionsspiel [...], nichts, aber auch wirklich gar nichts vom expressionistischen Fieber.« Man ahnt: Das breite Publikum konnte weder mit der existenziellen Attitüde noch mit dem elitären Dada-Unsinn etwas anfangen. Und die wirklich großen Texte der 1920er Jahre, man denke an Thomas Manns *Zauberberg* (1924) oder Franz Kafkas *Schloß* (1926), hatten ohnehin nur eine begrenzte Leserschaft.

Wer wissen will, was in Deutschland wirklich gelesen (oder zumindest gekauft) wurde, dem sei einmal mehr ein Blick in Stukenbroks Warenkataloge empfohlen. Die Jugendbücher gehören fast durchweg zum Abenteuergenre: *Die Rache des Australiers*, *Elfenbeinsucher* und *Walfischfänger am Kap Hoorn*. Die Sachbücher reichen von *Der Kaninchenzüchter* über *Hypnose und Suggestion* und den *Neuesten Lohnberechner* bis hin zum *Praktischen Kräuterarzt*. Von den AutorInnen der größeren Romane und gehobenen Werke, die Stukenbrok vorrätig hatte, kennt man heute kaum noch einen Namen. Aus-

Sieben (deutschsprachige) Bücher der 1920er

- **Erich Maria Remarque: Im Westen nichts Neues.** 1929, zehn Jahre nach Kriegsende, blickt Remarque auf die Schrecken des Ersten Weltkriegs zurück und schreibt nicht den ersten, aber sicherlich den bekanntesten deutschen Antikriegsroman. Bis heute hat sich das Buch weit über 20 Millionen Mal verkauft.
- **Kurt Tucholsky: Deutschland, Deutschland über alles.** Ein satirisches Kompendium und Bestiarium der deutschen Politik der 1920er Jahre, bissig aufbereitet in Wort und Bild. Collagen und Fotomontagen wurden von John Heartfield zusammengestellt – ein tendenziöser und witziger »Querschnitt durch Deutschland«, wie Tucholsky in der Vorrede resümiert.
- **Vicky Baum: Menschen im Hotel.** Eine Ansammlung kaputter Gestalten, die auf unterschiedliche Weise in den Strudel der 1920er geraten sind, trifft sich in einem Berliner Luxushotel. Vicky Baums 1929 erschienener Gesellschaftsroman mit depressiven Zügen passte bestens zur Untergangsstimmung der Weltwirtschaftskrise und wurde 1932 in Hollywood verfilmt.
- **Gabriele Tergit: Etwas Seltenes überhaupt.** Die postum erschienenen Lebenserinnerungen der ersten weib-

nahmen sind Hermann Löns und Hedwig Courths-Mahler, von denen eine ganze Palette im Angebot war, neben wenigen Klassikern aus dem 19. Jahrhundert von Theodor Storm, Karl Leberecht Immermann, Joseph Victor von Scheffel oder Gustav Freytag. Dazu kam das, was man sich unter »Wertvollen

lichen Gerichtsreporterin der Weimarer Republik – charmant, witzig und vollgepackt mit interessanten Einblicken in die Welt der 1920er.

- **Alfred Döblin: Berlin Alexanderplatz.** Wahrscheinlich der heute bekannteste Zeitroman der Weimarer Republik. Mit seiner revolutionären Montagetechnik fängt der 1929 publizierte Text die Großstadterfahrung der 1920er Jahre kongenial ein.
- **Irmgard Keun: Das kunstseidene Mädchen.** »Liebe an sich strengt an«, seufzt die Heldin dieses Romans, die Stenotypistin Doris. Das Buch spielt zwar zu Beginn der 1930er Jahre, spiegelt aber die Weimarer Republik so glänzend aus der Sicht einer jungen, unabhängigen Frau, dass es in diese Liste gehört. Wer danach weiterlesen möchte, ist mit Keuns Roman *Gilgi, eine von uns* bestens bedient.
- **Harry Graf Kessler: Tagebücher.** Kein Buch aus den 1920ern, aber ein Buch über die 1920er. Und was für eines! Wie kaum ein anderer hat der Diplomat und Weltreisende Kessler die Stimmung auf dem gesellschaftlichen und politischen Parkett der Zeit festgehalten. Kessler kannte sie alle – entstanden ist ein Who is Who der Weimarer Republik.

Büchern für die reifere Jugend« vorstellte: Angestaubte Romane des 19. Jahrhunderts oder auch Sachbuchtitel wie *Was muß man vor der Ehe von der Ehe wissen?*

Rasante Informationen

»Extrablatt! Extrablatt!« Da der Rundfunk ab 1923 erst gemächlich anlief, hielten die Zeitungen vorerst ihre absolute Monopolstellung unter den Massenmedien. Es ist heute schwer vorstellbar, welche Rolle die Tageszeitungen bei der täglichen Zirkulation von Informationen spielten. Gerade in Berlin war der Pulsschlag der Neuigkeiten und Nachrichten extrem hoch. Die Stadt hatte damals die weltweit schnellsten Rotations-Druckpressen, und die standen kaum einmal still: In den Häusern Mosse, Scherl und Ullstein wurden pausenlos Tageszeitungen produziert, manche Blätter erschienen bis zu viermal pro Tag, als Morgen-, Mittags-, Abend- und Nachtausgabe. Zeitweise erschienen allein in Berlin rund 90 Tageszeitungen. Wer sich einen Eindruck von der Bedeutung des Pressewesens in der Weimarer Republik verschaffen will, der fahre in Berlin zum Mariendorfer Damm, wo seit 1927 das Ullsteinhaus steht – ein expressionistischer Backsteinpalast, der die damalige Macht des Verlagshauses Ullstein demonstriert und 30 Jahre lang das höchste Hochhaus Deutschlands war. Seine riesige Turmuhr macht darüber hinaus sichtbar, wie eng Zeit und Zeitung zusammenhängen.

Die Gesamtauflage der deutschen Tages- und Wochenzeitungen wird für die 1920er Jahre auf rund 20–25 Millionen Exemplare geschätzt. Obwohl heute deutlich mehr Menschen in Deutschland leben, liegt das weit über den Verbreitungszahlen unserer Gegenwart. Der Boom der Tagespresse wird aber von der Entwicklung auf dem Zeitschriftenmarkt noch übertroffen: 1924 zählte man in Deutschland 5061 laufend erscheinende Zeitschriften, 1927 waren es bereits 6860. Dabei erschien fast ein Drittel des gesamten Zeitschriftenvolumens in der Reichs- und Pressehauptstadt Berlin. Angesichts dieser Vielfalt war für wirklich jeden Geschmack etwas dabei. Die *Motorwelt* und die *Phonographische Zeitschrift* lieferten Auto- und Musikbegeisterten regelmäßig neuen Stoff, die in der Schweiz erscheinende Zeitschrift *Zappelnde Leinwand. Eine Wochenschrift fürs Kinopublikum* begeisterte die Cineasten. Die Magazine *Frauenliebe* oder *Die Freundin* propagierten wiederum (homo-)sexuelle Aufklärung, und *Kokain. Eine moderne Revue* sowie das *Kriminal-Magazin* spielten mit dem verruchten Image der Metropole Berlin. Schier endlos ist auch die Reihe der politischen Propagandablätter, vom *Tribunal* mit dem Untertitel *Hessische Radikale Blätter* über den *Alarm*, ein Blatt für »freien Sozialismus«, bis hin zum nationalsozialistischen *Stürmer*, der von 1923 bis 1945 erschien.

Überblicken lässt sich das Zeitschriftenangebot der 1920er Jahre kaum; die Auflagenzahlen übertreffen alles, was wir heute gewohnt sind. Wer sich in diese publizistischen Herrlichkeiten vertiefen möchte, findet also vom *Auto-Magazin* über den *Querschnitt*, die *Tempo* und den *Uhu* bis hin zu den *Ullstein-Berichten* genügend Auswahl – Überraschungen inklusive. Kaum zu glauben, welche Edelfedern da schreiben oder wie hoch das Niveau der meisten Texte, Reportagen und Prosastücke ist. Und es ist erstaunlich, wie innovativ und witzig darin zum Teil schon mit Text-Bild-Collagen gearbeitet wird. Bisweilen wird man allerdings aus seiner Begeisterung für die Ästhetik der 1920er gerissen, wenn man etwa das *Tempo*-Heft 2/1927 vor sich hat. Der »Einbruch der Neger in Europa« wird da behandelt, und man sieht sich mit Bildstrecken konfrontiert, die glaubhaft machen sollen: »Nigger-Jazz – verursacht nicht immer ein angenehmes Geräusch«. Die grotesk verzerrte Karikatur auf dem Cover nimmt rassistische, diffamierende Bilder vorweg, wie sie dann rund zehn Jahre später regelmäßig auf deutschen Zeitschriftentiteln zu sehen waren.

Was den Journalismus der 1920er Jahre auszeichnet, ist seine teilweise wirklich herausragende Qualität. Kunst, Kultur und Gesellschaft wurden von einem Feuilleton beleuchtet, das vielleicht nie wieder so grandios war wie in den 1920er Jahren. Autoren wie Victor Auburtin, Alfred Kerr, Alfred Polgar oder Anton Kuh schrieben funkelnde Miniaturen über alle möglichen Aspekte des Alltagslebens, Literatur-, Film- und Theaterkritiken. Während sich – wie Wolfram Eilenberger in einem anregenden Buch über die 1920er Jahre als »das große Jahrzehnt der Philosophie« gezeigt hat – Martin Heidegger, Ludwig Wittgenstein, Walter Benjamin und Ernst Cassirer mit den ganz großen Fragen des Daseins und der Sprache auseinandersetzten, blühte in den Feuilletons und Magazinen die ganz konkrete, witzige, hintergründige, sarkastische, poetische Sprache in den leuchtendsten Farben. Ein schon von den Zeitgenossen bewundertes Glanzlicht der zeitkritischen österreichischen Publizistik war die von Karl Kraus herausgegebene, de facto aber im Alleingang geschriebene Zeitschrift *Die Fackel*, in der die laufenden Dummheiten der reaktionären Presselandschaft gnadenlos aufgespießt wurden. Für Deutschland hat diese Rolle am ehesten Kurt Tucholsky übernommen, dessen gesammelte Werke sich heute als geistreiches Zeitprotokoll der 1920er lesen lassen.

Ein charakteristisches Genre der 1920er Jahre war die Reportage: die möglichst spannend und lebendig geschriebene aktuelle *story*, mit der man auch Themen setzen und Aufmerksamkeiten lenken konnte. Die Nachfrage war enorm, vom trockenen Bericht bis zum Sprachkunstwerk waren alle Niveaus vertreten. Viele, auch bedeutende SchriftstellerInnen lebten von ihren Zeitungstexten, wie etwa Erich Kästner oder Joseph Roth, der das »Artikelschreiben« zugunsten der Arbeit an seinen Romanen gerne aufgegeben hätte. Für andere war die Reportage das hauptsächliche Genre: So wurde Egon Erwin Kisch als der »rasende Reporter« berühmt, wie der Titel seiner Textsammlung von 1925 lautete. Eine der bemerkenswertesten Reporterinnen der Weimarer Republik war die bereits erwähnte Gabriele Tergit, die ab 1924 fest beim Berliner Tageblatt angestellt war und dort vorwiegend über Gerichtsverhandlungen berichtete. In ihren Gerichtsreportagen spiegelt sich die soziale und politische Situation der Zeit, zuweilen ins Extreme gesteigert. 1931 brachte der Rowohlt Verlag ihren Roman *Käsebier erobert den Kurfürstendamm* heraus, der Tergit auch als Schriftstellerin berühmt machte.

Der Rundfunk trug schließlich mit dazu bei, das Format der Reportage zu verbreiten. Wie schon in den Bereichen der politischen Rhetorik und der Populärmusik spielte auch hier das Mikrofon die zentrale Rolle. Das Mikrofon ermöglichte es, live vom Schauplatz zu berichten und die ZuhörerInnen zu Hause unmittelbar am Geschehen teilhaben zu lassen. Die Radioreportage wurde zur Stegreifkunst. Der berühmte Reporter Alfred Braun postierte sich in der Silvesternacht 1924/25 erstmals mit seinem Mikrofon auf der Friedrichstraße und mischte sich unter die Feiernden. Später berichtete Braun beispielsweise von der Ankunft der Flugpioniere Clarence Chamberlin und Charles Levine in Tempelhof 1927, dem Trauerzug für den verstorbenen Reichskanzler Gustav Stresemann 1929 oder der Verleihung des Literaturnobelpreises 1929 an Thomas Mann. Plötzlich konnte man die Ereignisse nicht mehr nur im Extrablatt nachlesen, sondern in Echtzeit mitverfolgen. Damit hatte der Rundfunk der gedruckten Reportage etwas Entscheidendes voraus; die Konkurrenz zwischen den Leitmedien der Zeit war in vollem Gange.

In den Verlagshäusern wurden nun die Bildredakteure immer wichtiger. »Nicht mehr lesen, sehen!«, proklamierte der Maler und Grafiker Johannes Molzahn. Überhaupt spielte die Fotografie in den 1920er Jahren eine Schlüsselrolle. Nie zuvor waren so viele Abbildungen verfügbar gewesen: in der gedruckten Presse, den Illustrierten, auf Plakaten und Litfaßsäulen, auf der Leinwand. Das hatte Folgen für den Alltag: Die »neue Linie« in Architektur, Design und Mode setzte sich auch deshalb so schnell durch, weil sie einfach überall zu sehen war. Mit der Entwicklung der handlichen und schnellen Leica-Kamera Mitte der 1920er war das Fotografieren nun nicht nur den Fotografen vorbehalten – immer mehr Menschen konnten nun Selbsterlebtes in Schnappschüssen festhalten.

Mit den Bildern kamen neue Skandale. Drei Tage nach der Vereidigung des neuen Reichspräsidenten Friedrich Ebert erschien in der *BIZ* ein Foto, das Ebert zusammen mit Reichswehrminister Gustav Noske in Badehosen an der Ostsee zeigte. Aus heutiger Sicht könnte das eigentlich ganz sympathische Foto als Indiz für eine neue Leichtigkeit im Umgang mit den höchsten Staatsämtern gewertet werden. Schließlich war es undenkbar, dass sich früher Otto von Bismarck, Prinz Max

Titel der *Berliner Illustrierten Zeitung*, Nr. 34, 24. August 1919: »Ebert und Noske in der Sommerfrische«.

von Baden oder gar Kaiser Wilhelm höchstpersönlich in Badehosen gezeigt hätten. Allerdings weitete sich der harmlose BIZ-Schnappschuss zum handfesten politischen Skandal aus. Schamlos sei das, der Würde des Amtes nicht angemessen, schimpften die Republikgegner. Es wurden Postkarten gedruckt, die neben den halbnackten Sozialdemokraten den alten Kaiser in Uniform zeigten, dazu die Zeile »Einst und Jetzt!«.

Die Weimarer Presse hatte ihren ersten Präsidenten durch den Kakao gezogen, und die Geschichte sollte Ebert noch lange verfolgen. Als Ebert 1922 – drei Jahre nach dem Bad in der Ostsee – einmal München besuchte, wurde er von Studenten begrüßt, die rote Badehosen hin und her schwenkten. Bilder von

Zwei Werbeplakate aus der Weimarer Republik

Politikern in Badehose sind seither rar. Als sich der damalige Verteidigungsminister Rudolf Scharping 2001 mit seiner Lebensgefährtin, Gräfin Pilati, im mallorquinischen Pool ablichten ließ oder als Barack Obama 2010 in roten Shorts auf dem Cover des *Washingtonian* erschien, wurden zumindest ein paar leise Erinnerungen an den wahrscheinlich ersten Skandal der Weimarer Republik wach.

Das Beispiel des Ebertschen Badehosenskandals macht deutlich, dass die Fotografie innerhalb von ein paar Jahren zu einem Schlüsselmedium der politischen Öffentlichkeit aufgestiegen war. Vor 1914 waren Bilder in der Tagespresse noch eher eine Seltenheit gewesen, doch nun begleiteten sie fast jede größere Meldung. Die Fotografie erschien zugleich als absolut realistisches Medium und als ein Medium, das sich – eben wegen seines vermeintlich unhintergehbaren Realismus –

für populistische Meinungslenkung eignete. Kurt Tucholsky schreibt 1925:

> Die Fotografie ist unwiderlegbar. Sie ist gar nicht zu schlagen. Was allein mit fotografischen Gegenüberstellungen zu machen ist, weiß nur der, ders einmal probiert hat. Die Wirkung ist unauslöschlich und durch keinen Leitartikel der Welt zu übertreffen. Eine Zeile Unterschrift – und das einfachste Publikum ist gefangen. Ludendorff in Zivil; das Automobil eines Bankiers, die Wohnung seines Portiers; Richtergesichter einer preußischen Strafkammer und ihrer Opfer; Studenten auf der Kneipe; verhaftete Kommunisten vor und nach Feststellung ihrer Personalien; eine Konfrontation der Physiognomien Lenins und Hindenburgs; eine Parade unter Wilhelm und eine unter Seeckt: das sind Themen, die mit Worten gar nicht so treffend behandelt werden können, wie es die unretuschierte, wahrhaftige und einwandfreie Fotografie tun kann. […] Sie ist eine maßlos gefährliche Waffe.

In dem zusammen mit John Heartfield herausgegebenen Text-Bild-Band *Deutschland, Deutschland über alles* hat sich auch Tucholsky selbst dieser Waffe bedient.

Wer sich davon überzeugen will, welche rasante Entwicklung die Presse in der Weimarer Republik durchlaufen hat, dem empfehle ich einmal mehr den Blick in die Reklame. Im Vergleich zu den steifbeinigen Werbeanzeigen des Kaiserreichs ist die Werbung nicht nur besser bebildert, sondern überhaupt einfallsreicher, unterhaltsamer, schlauer und witziger geworden. Ähnlich wie in Feuilleton und Reportage arbeiteten auch in der Werbebranche namhafte KünstlerInnen und Gestalter-

Sieben Erfindungen der 1920er

- die **Sprühdose**
- die **automatische Fernvermittlung**
- das **Acrylglas**
- das **Penicillin**
- die **elektronische Bildübertragung**
- die **Eiserne Lunge**
- der **Tonfilm**

Innen mit, die den Zeitstil der 1920er mitprägten. Allerdings verdankt sich die Qualität der Spitzenerzeugnisse aus Medien, Design und Reklame eben auch der Tatsache, dass selbst prominente Künstler in der wirtschaftlich schwierigen Zeit mehr schlecht als recht von ihren Erzeugnissen leben konnten und Zuverdienstmöglichkeiten brauchten. Krise und Experiment hängen auch in diesem Fall wieder eng zusammen.

Die Metropole

Die Berliner Luft ist wie Amphetamin, hieß es in einer Musikrevue von Mischa Spoliansky und Marcellus Schiffer aus dem Jahr 1928. Ein Leben wie auf Speed: Das prägte die Wahrnehmung einer Stadt, die nach der Bildung von Groß-Berlin im Jahr 1920 plötzlich zur drittgrößten Stadt der Welt aufgestiegen war. Fast vier Millionen EinwohnerInnen: Nur in London und New York lebten noch mehr Menschen. Die Kulturszene war als vital, vibrierend und freizügig bekannt. Und Berlin hatte nach dem Krieg einen Vorzug, der es für ein internationales intellektuelles Publikum besonders interessant machte: Das Leben war dort während der Inflationszeit unglaublich billig. Wer mit US-Dollar oder britischen Pfund in der Tasche in die Stadt kam, dem wurde für sein Geld eine ganze Menge geboten. Als Ernest Hemingway im September 1922 mit seiner Frau einen ganzen Tag lang durch die Berliner Kaufhäuser zog und einkaufte, schaffte er es trotzdem nicht, den Gegenwert von 90 kanadischen Cents auszugeben. Eine solche Stadt ist natürlich der Traum aller jungen Leute. Sie zieht KünstlerInnen an und alle, die es werden wollen. Elias Canetti, der 1928 als Student nach Berlin kam, war wie viele andere von der Stadt fasziniert: »Man mochte aus einer alten Hauptstadt wie Wien kommen«, schrieb er im Rückblick, »hier fühlte man sich als Provinzler und riß die Augen weit auf, bis sie sich daran gewöhnten, offen zu bleiben.«

Kein Wunder, dass Berlin in der künstlerischen Produktion eine herausgehobene Rolle spielte. Es gab Berlin-Bilder, Berlin-Romane, Berlin-Revuen und – natürlich – Berlin-Filme. Wer sich als Filmemacher in der Weimarer Republik für die Großstadt interessierte, der ging in aller Regel nach Berlin. Die Konkurrenz lag weit abgeschlagen zurück: Die Reichshauptstadt war Anfang der 1920er etwa viermal so groß wie Hamburg und etwa sechsmal so groß wie München, Köln und Leipzig. Das Leben auf den Berliner Straßen wurde bald zum Gegenstand eines ganzen Genres, des sogenannten Straßenfilms. Der vielleicht bekannteste Weimarer Straßenfilm ist Walter Ruttmanns *Berlin – Sinfonie der Großstadt* aus dem Jahr 1927, der das rasante und verdichtete Berliner Straßenleben kongenial einfängt. Auch andere Streifen dieses Genres wie der 1929 präsentierte Stadtfilm *Asphalt* von Joe May präsentierten eindrucksvolle und bewegte Collagen aus Menschenmassen, Leuchtreklamen, Schaufensterauslagen und Automobilen. Angeblich wurden für diesen Film in einem Studio des Ufa-Geländes in Babelsberg eigens 2500 Quadratmeter Asphalt verlegt. Überhaupt wurde der Asphalt zu einem wichtigen Symbol der Zeit. Während ihn die einen stellvertretend für die Faszination und Ästhetik der Großstadt feierten, wurden Schriftsteller wie Lion Feuchtwanger, Alfred Döblin und Bertolt Brecht als »Asphaltliteraten« denunziert – ein Begriff, der dann während der nationalsozialistischen Bücherverbrennungen von 1933 eine Schlüsselrolle spielte.

Das Flanieren auf der Straße konnte zu einem exquisiten Vergnügen werden, das einem die Lektüre der Zeitung ersparte. Experimentelle Autoren wie Walter Mehring begannen all die Texte zu protokollieren, die ihnen beim Gang durch Berlin begegneten. *Die Reklame bemächtigt sich des Lebens,* lautet der Titel seines Gedichts, das aus einer Zusammenstellung von Reklameschnipseln und Schlagzeilen besteht: Von der »Dame ohne Unterleib« über »Kondensierte Alpenmilch« und »Das Geheimnis des üppigen Busens« bis hin zu »Die Hölle heizt mit Kaiserbriketts«, »Schon ist Nick Carter auf der Spur« und »Gummiartikel! Apotheke zum Goldenen Schwan«. Hier muss der Dichter nur noch die Zusammenstellung übernehmen – das Gedicht schreibt die Stadt fast von selbst.

Die Allgegenwart der Werbung spiegelte sich sogar in der Kinderliteratur. Als 1926 Wolf Durians Erzählung *Kai aus der Kiste* erschien, war die für ein Kinderbuch sehr unkonventionelle Handlung eine Sensation: Auf der Suche nach dem besten Werbestrategen weit und breit stößt ein ein US-amerikanischer Zigarettenproduzent auf den Straßenjungen Kai und entdeckt dessen Talent. Kai fährt schwarz, führt die Polizei hinters Licht, beschmiert fremdes Eigentum und steigt schließlich zum »Werbekönig« auf – ein Romanheld, wie es ihn in der deutschen Literatur für Kinder und Jugendliche bis dahin kaum gegeben hatte. Vergleicht man *Kai aus der Kiste* allerdings mit der 1925 abgeschlossenen kreuzbraven *Nesthäkchen*-Reihe der 1943 in Auschwitz ermordeten Else Ury, wird deutlich, dass die Spielräume für Jungen damals wesentlich größer waren als für Mädchen, die noch immer auf ihre Rolle als braves Kind, Hausfrau und Mutter festgelegt wurden. Eine weibliche Heldin wie die 1941 auf der Bildfläche erscheinende *Rote Zora* ließ noch auf sich warten.

Was in zeitgenössischen Texten und Filmen immer wieder betont wird, sind Lärm, Dichte und Geschwindigkeit des Verkehrs, die in den 1920er Jahren stark zugenommen hatten. In

Kästners Kinderroman *Emil und die Detektive* wird dieser Eindruck beschrieben:

> Diese Autos! Sie drängten sich hastig an der Straßenbahn vorbei; hupten, quiekten, streckten rote Zeiger links und rechts heraus, bogen um die Ecke; andere Autos schoben sich nach. So ein Krach! Und die vielen Menschen auf den Fußsteigen! Und von allen Seiten Straßenbahnen, Fuhrwerke, zweistöckige Autobusse!

Der Potsdamer Platz mit der 1924 aufgestellten ersten Verkehrsampel Europas steht beispielhaft für diese neue Erlebnisqualität des rasanten, sich stetig überkreuzenden Verkehrs.

Geschwindigkeit war die neue Signatur des Großstadtlebens. »Keine Zeit, keine Zeit, keine Zeit«, dichtete Walter Mehring in seinem Chanson »Heimat Berlin«. 1927 kam ein neues Magazin mit dem Titel *Tempo* heraus, ab 1928 erschien die Berliner Abendzeitung gleichen Namens, und als die Brüder Rosenfelder im September 1929 ihr Einweg-Papiertaschentuch auf den Markt brachten, nannten sie es ebenfalls »Tempo«. Insbesondere den BerlinerInnen wurde die dazu passende Schlagfertigkeit nachgesagt: »Eh du Würstchen sagst, hab ick se schon jejessen.« Der rasante Wortwitz und die schnelle Replik entsprachen einer Stadt, in der die Elektroindustrie die führende Rolle spielte. Der Stadtforscher Rolf Lindner hat diesen Zusammenhang sehr schön aufgezeigt: »Dass der Berliner Junge ›helle‹ ist, hat weniger mit der Aufklärung als mit der Elektrizität zu tun.«

Siemens & Halske, AEG, Bergmann, Union und die Deutschen Kabelwerke waren alle in Berlin angesiedelt und machten die Reichshauptstadt schon lange vor 1914 zur regelrechten

»Elektropolis«. In den 1920er Jahren wurde Berlin dann zur Stadt der Lichter und der Leuchtreklame. »Berlin im Licht« war eine gemeinsame Aktion der deutschen Elektroindustrie, die im Oktober 1928 eine Art Leistungsschau veranstaltete. Kaum zu glauben, aber wahr: Im Auftrag der Berliner Stadtwerke schrieben Bertolt Brecht und Kurt Weill – das Erfolgsduo der *Dreigroschenoper*, die kurz zuvor Premiere hatte – einen flotten Werbesong: »Das ist kein lauschiges Plätzchen, das ist eine ziemliche Stadt, damit man da alles gut sehen kann, da braucht man schon einige Watt. Na wat denn, na wat denn, was ist das für ne Stadt denn?«

Neben Geschwindigkeit und Schlagfertigkeit wurde auch die Betriebsamkeit der BerlinerInnen immer wieder thematisiert. Die Bewohner dieser Stadt, so der Tenor, könnten alles, außer sich zu entspannen. So urteilte der Wiener Feuilletonist Alfred Polgar 1924:

> Alle Einwohner Berlins sind intensiv mit ihrer Beschäftigung beschäftigt. Alle nehmen sie und sich furchtbar ernst, was ihnen einen leicht komischen Anstrich gibt. Auch die Müßiggänger gehen nicht schlechthin müßig, sondern sind damit beschäftigt, müßig zu gehen, auch die nichts arbeiten, tun dies im Schweiße ihres Angesichts.

Es ist auch diese Rastlosigkeit, die das Berlin der 1920er Jahre als »Menschenwerkstatt« erscheinen ließ, wie es Heinrich Mann nach einem Besuch 1921 formulierte. In Berlin mischten sich die Milieus und die Stile, wie man es etwa im 1928 eröffneten Restaurantkomplex »Haus Vaterland« erleben konnte. Der gewaltige Bau beherbergte spektakuläre Themenrestaurants – vom bayerischen »Löwenbräu« über das »Türkische

Café«, die »Spanische Bodega«, die »Japanische Teestube« und die »Bremer Kombüse« bis hin zur Alt-Wien-Imitation »Grinzing« und sogar einer »Arizona-Bar«. Im berühmten Lokal »Rheinterrasse« war das Rheintal nachgebaut, inklusive Modelleisenbahn und an Schnüren bewegter Miniaturflugzeuge; dazu wurde alle Stunde ein Showgewitter mit Donner, Blitz und Wolkenbrüchen inszeniert.

Die klassischen Berliner Touristenattraktionen wie Schloss, Reichstag, Wintergarten, Treptower Park und die großen – allerdings im Umbau befindlichen – Museen wurden von Etablissements wie dem »Haus Vaterland« und vor allem vom schillernden Nachtleben weit in den Schatten gestellt. Berlin galt insgesamt weniger als Pilgerziel der Hochkultur, sondern vielmehr als Ort der Spannungen, der Gegensätze und des permanenten kulturellen Ausnahmezustands. Als der Piper-Verlag 1927 eine neue, unkonventionellere Reisebuchreihe unter dem Titel *Was nicht im Baedeker steht* startete, war der erste Band natürlich Berlin gewidmet. Der Autor Eugen Szatmari, einer der tonangebenden Literaten im berühmten *Romanischen Café,* lieferte mit seinem Berlin-Führer eine Art Manifest des Antitourismus. Statt Karten, Plänen und Restauranttipps gab es darin Karikaturen, politische Kommentare und bissige Feuilletons. Über eine Reichstagssitzung heißt es beispielsweise:

> Die Stimmung wechselt alle fünf Minuten. Bald ist alles zerschlagen, bald wieder alles ›in Butter‹. [...] Was machen die Sozis? Sie sitzen beisammen. So viel wie im Reichstag wird vielleicht nirgends zusammen gesessen. Was geschieht? Wird man ablehnen oder gibt man nach? Man kann es nie wissen. Hier kann man es nie wissen.

Eine so despektierliche Schilderung des deutschen Parlaments in einem Reiseführer? Der Tonfall verrät es: Hier waren die Journalisten und Feuilletonisten am Werk, die auch für Zeitschriften wie den berühmten *Querschnitt* schrieben. Satire vom Feinsten, verbunden mit intelligenter Tourismuskritik an den Bildungsreisenden à la Baedeker. Dass man sich vom erfolgreichen Baedeker absetzen musste, verrät nebenbei einiges über die Entwicklung des Fremdenverkehrs. Denn die Kaufkraft der Mittelschicht erlaubte in den 1920ern Ausflüge und Reisen wie selten zuvor. Berlin war eines der Hauptziele in Deutschland, und die Klagen über das Überhandnehmen des Tourismus in Berlin und anderswo gab es damals eben auch schon.

Curt Moreck legte mit seinem *Führer durch das lasterhafte Berlin* von 1931 ein weiteres Buch vor, das Berlin von einer anderen Seite zeigt: als Hauptstadt der lockeren Sitten und der Kriminalität. Diesen Ruf hatte sich Berlin im Laufe der 1920er Jahre redlich erworben, und zwar mit einer Reihe spektakulärer Mordfälle, aufregender Kriminalprozesse, die die Gerichtsspalten der Tageszeitungen und der Illustrierten füllten, sowie mit dem Treiben der berüchtigten Ringvereine – mafiöser Clans, die den Berliner Untergrund beherrschten. In einem der Treffpunkte der kriminellen Halbwelt, der Mulackritze, spielen Teile des Spielfilms *Sass* (2001) über das Bankeinbrecherduo Franz und Erich Sass. Die Mulackritze war damals das Stammlokal von Prominenten wie Gustaf Gründgens, Marlene Dietrich oder Claire Waldoff, aber auch der Gangsterboss Adolf Leib verkehrte dort. Auf dem Papier dienten die Ringvereine der gegenseitigen Unterstützung ehemaliger Strafgefangener, allerdings übten sie zunehmend die Kontrolle über Prostitution und Schiebergeschäfte aus und planten Überfälle.

Es kam zu Massenschlägereien wie 1928 im Naubur in der Nähe des Ostbahnhofs, bei denen es sogar Tote gab. 1931 übrigens engagierte der Regisseur Fritz Lang den »Muskel-Adolf«, wie Leib genannt wurde, als Berater für seinen Film *M* mit Peter Lorre, in dem die Berliner Ringvereine sich auf eigene Faust auf die Suche nach einem Kindermörder machen und ihn schließlich zur Strecke bringen.

»Die Romantik der Unterwelt war unwiderstehlich«, schrieb 1923 der erst siebzehnjährige Klaus Mann, und er attestierte Berlin eine »schamlose Verruchtheit«. Legendär ist der Drogenkonsum in den Nachtlokalen der Künstlerszene, im Kakadu, in der Goldenen Spinne oder der Kolibri-Bar. Vor allem Kokain war in Mode, das man damals als »Zement«, »Koks« oder »Kakao« bezeichnete. Der Berliner Arzt Ernst Noël hat das Koksmilieu damals so beschrieben: »Müßiggänger aus der literarischen und artistischen Boheme, Spieler, Sportinteressenten, Angehörige der eleganten und der proletarischen Prostitution, Schieber und Schleichhändler, Söldner, Filmstatisten, Kellner, Nachtportiers, Hotelpagen, Kuppler, Zuhälter.« In den Lokalen des Berliner Westens sei der Griff zur Kokainbüchse genauso normal gewesen wie die Bestellung eines Glases Cognac. Während in den USA zwischen 1920 und 1933 die Prohibition – also Alkoholverbot – herrschte, flossen in den Berliner Bars die Cocktails in Strömen.

Das funkelnde und schwirrende Großstadtleben rief schon immer die konservativen Kritiker auf den Plan. So war Berlin in den 1920er Jahren ständigen Angriffen von rechts ausgesetzt. An der Reichshauptstadt arbeitete sich das gesamte konservative und nationalistische politische Spektrum ab: Berlin stand für »Asphaltkultur«, ein »Sündenbabel« und den »Untergang des Abendlandes«; die Berlinkritik war meistens unterlegt mit antisemitischen Tönen. Alles, was an Berlin kosmopolitisch, international und demokratisch war, wurde als dekadent attackiert: das Nachtleben und der Jazz, progressive Theateraufführungen, die verschiedenen Spielarten der Avantgardekunst. Vorschläge zur Reform der Gesellschaft zielten oftmals auf eine demonstrative Abkehr von der Metropole: von der Gartenstadt bis zur Landkommune, von der »Dichtung der Landschaft« bis zur Freiluftpädagogik der Reformschulen. Raus aus der Stadt, lautete das Motto – und die Großstadtfeindschaft setzte sich später im Nationalsozialismus bruchlos fort, als man von »Blut und Boden« und der »deutschen Scholle« phantasierte. An der Großstadt schieden sich also die Geister – ein Grund, weshalb gerade im großstädtischen Leben die Widersprüche der Zeit so klar sichtbar wurden.

Ein Jahrzehnt im Rückspiegel

Was könnte man nach diesem rasanten Durchgang durch einige Ereignisse, Ideen und Aspekte der 1920er Jahre im Sinne eines vorläufigen Fazits formulieren? Können 100 Seiten mit ein paar Tabellen und Infografiken ausreichen, um auch nur annähernd ein Bild von zehn Jahren der Politik-, Sozial- und Kulturgeschichte zu gewinnen? Gibt es »die 1920er« überhaupt als Einheit, die sinnvoll beschrieben werden kann? Krisen und Experimente gab es schließlich vorher auch – und nachher erst recht.

Jahrzehnte sind eigentlich keine historischen Epochen, die Logik der Geschichte hält sich nicht an das Dezimalsystem. Erst im Nachhinein wird darüber entschieden, was die 1920er Jahre vielleicht ausgemacht hat. Erzählungen, Diskurse und Bilder über »die 1920er« überlagern und verstärken sich gegenseitig, so dass das Jahrzehnt auf wundersame Weise doch wieder als eine Einheit erscheint. Wir sollten auf diesen Effekt nicht hereinfallen, sondern die Ungleichzeitigkeiten und Widersprüche dieser Zeit im Blick behalten: Vieles war in den 1920ern eben noch fast genauso wie zur Jahrhundertwende, anderes nahm schon Entwicklungen der 1930er vorweg. Es hängt immer davon ab, wohin man schaut: auf New York,

München oder die holsteinische Provinz, auf den verarmten Adel oder die neureichen Industriellen, auf die Automobilindustrie oder das ländliche Handwerk. Während in Berlin die großen Verbundanlagen der Elektrizitätsversorgung entstanden, gab es in Unterwilflingen oder Bad Sulza noch Haushalte ohne Stromanschluss. Und als in den Metropolen die Figur der »neuen Frau« entstand, lebten viele Frauen – selbst in den Großstädten – noch wie im 19. Jahrhundert.

Trotzdem ist unser geläufiges Bild von den 1920er Jahren nicht falsch. In ihm verdichten sich in erster Linie die neuen und teilweise spektakulären Entwicklungen, die uns aus heutiger Sicht besonders interessieren. Dazu gehört insbesondere die vielfältige Populärkultur, die derzeit erstaunliche Revivals erlebt. Und natürlich hat – bei aller Kritik an der herkömmlichen Einteilung der Geschichte in Jahrzehnte – gerade dieses Jahrzehnt relativ klare politisch-ökonomische Eckdaten: Das Ende des Ersten Weltkriegs markierte einen gravierenden Einschnitt, ebenso die globale Wirtschaftskrise von 1929 und das Ende der Weimarer Republik 1933. Wenn man also von »langen 1920er Jahren« ausgeht, die von 1919 bis 1933 reichen, dann gibt es weitaus bessere Gründe, von den 1920ern als einem zusammenhängenden historischen Zeitraum zu sprechen, als beispielsweise bei den 1950ern oder den 1980ern.

Diese langen 1920er werden – insbesondere in Deutschland – regelmäßig mit historischen Kardinalfragen überfrachtet: Welche Geburtsfehler hatte die erste deutsche Demokratie? Inwiefern hat die politische Kultur der Weimarer Republik den Aufstieg des Nationalsozialismus begünstigt? Wie konnte diese Republik in eine Diktatur kippen, die Europa schließlich in die Katastrophe führen sollte? Und welche Verbindungslinien führen vom Ersten zum Zweiten Weltkrieg?

Über die 1920er Jahre nachzudenken, bedeutet immer auch, über diese Zusammenhänge nachzudenken. Ob wir für unsere heutige politische Großwetterlage etwas daraus lernen können, sei dahingestellt. Eins steht fest: Auch in den 2020ern bleibt die Welt, wie sie vor hundert Jahren einmal war, für uns unerhört interessant: abschreckend und verstörend, aber auch anziehend und anregend.

Lektüretipps

Bergdorn, Detlef / Hattstein, Markus: The Roaring Twenties. Die wilde Welt der Zwanziger. Darmstadt 2019.

Bienert, Michael / Buchholz, Elke Linda: Die zwanziger Jahre in Berlin. Ein Wegweiser durch die Stadt. Berlin [2]2006.

Blom, Philipp: Die zerrissenen Jahre 1918–1938. München 2014.

Eilenberger, Wolfram: Zeit der Zauberer. Das große Jahrzehnt der Philosophie 1919–1929. Stuttgart 2018.

Faulstich, Werner (Hrsg.): Die Kultur der 20er Jahre. München 2008.

Gumbrecht, Hans Ulrich: 1926. Ein Jahr am Rand der Zeit. Frankfurt a. M. 2001.

Hoeres, Peter: Die Kultur von Weimar. Durchbruch der Moderne. Berlin 2008.

Jäger, Christian / Schütz, Erhard (Hrsg.): Glänzender Asphalt. Berlin im Feuilleton der Weimarer Republik. Berlin 1994.

Lindner, Rolf: Berlin, absolute Stadt. Eine kleine Anthropologie. Berlin 2016.

Peukert, Detlev J. K.: Die Weimarer Republik. Krisenjahre der klassischen Moderne. Frankfurt a. M. 1987.